# 品牌

## ——好品牌自己会说话

# 自驱力

杨志勇◎著

经济管理出版社

ECONOMY & MANAGEMENT PUBLISHING HOUSE

# 前　言

在当今商业圈很多企业家都有这样的疑问：为什么我的企业不能迅速做大做强？为什么我销售了这么多的产品却没有获利？为什么我的企业卡在了"瓶颈"期，发展没有后劲？其实，这些问题的答案非常简单，这一切的一切都源于"品牌"。唯有拥有自己的品牌，你的企业才有竞争力；唯有拥有自己的品牌，你的企业才有生命力。

这是因为我们已经进入一个品牌崇拜的时代，就像"Apple fans"迷恋iPhone，就像"米粉"追捧小米手机一样，消费者会疯狂崇拜某款产品，并投入自己的热情、信任和忠诚。更重要的是，他们是产品最忠诚的用户，能够创造数以万亿元计的销售传奇，苹果和小米手机都证明了这不是传说。

英国科学家关于忠诚消费者对品牌的热情进行了一项实验，并拍成了纪录片。他们找了两批人，一批是"果粉"，另一批是宗教信徒。科学家对双方进行核磁共振扫描，结果出乎意料，苹果的"果粉"脑中激起反射的区域，和宗教意象在信徒脑中激起反射的区域是一致的。这个实验告诉我们，企业和产品的忠诚消费者之间的关系，就犹如传教士和虔诚的宗教信徒。

本书将阐述品牌的内涵和本质以及如何打造属于你自己的企业品牌，如何通过企业品牌将企业迅速做大做强。我们的终极目标，是让一个企业利用自身的资源以及外部条件，从几个方面打造企业品牌，从而在市场竞争中保持竞争优势。本书详细介绍了定位、品质、个性、传播、优化这五个品牌打造的影响因素，并有鲜活的案例和一些中肯的建议。相信通过这种模式，必然能让你的企业很快建立自己的品牌文化。从而让品牌在企业竞争中成为你成功的基石。

由于时间短促，本书可能会有些许瑕疵，或者理论有不够完善之处。我们会通过实践不断修复和矫正，也希望各位读者能够提出宝贵的意见。

杨志勇

2014 年 7 月

# 自　序

怀着对品牌的敬畏、诚惶诚恐，写下了这个自序。

在中国，关于品牌理论的书籍，浩瀚如夜空中的繁星，多得令人有点不知所措。"公说公有理，婆说婆有理"，有站在广告的角度说品牌的，有站在营销的角度说品牌的，有站在设计的角度说品牌的，有站在战略的角度说品牌的，也有站在企业文化的角度说品牌的，但很少有人站在消费者角度、站在企业利润的角度说品牌。在十几年的品牌营销工作中，我发现，企业家面对品牌建设时有点茫然。对品牌是又爱又恨又怕：爱它，是因为企业家知道，品牌能让企业多活一段时间；恨它，是因为企业家以为建设品牌要花很多钱；怕它，是因为品牌理论太深奥，那些从事品牌策划的大公司，动辄几十万元甚至几百万元的策划费，到头来就拿到个广告词和不着边际的所谓的商业模式。

每次看到企业家虔诚中带着迷茫的眼神，我心中就有一种强烈的冲动，想着什么时候我也要写一本书，写一本通俗易懂、口语化的关于品牌建设的书籍。所以我提出了"品牌是弓，营销是箭，战略是千里眼，三位一体才能命中十环"、"战略是道，品牌是法，营销是术，道法术结合才能符合事物发展的规律"等一些口语化、自然化的品牌论调，力争让企业家一听就懂，一想就明白，从此不再陷于"战略就是品牌、营销就是品牌、文化就是品牌、设计就是品牌、产品就是品牌"等片面认知的迷茫中。

2013 年，我从生活工作了十几年的北京、广州回到了长沙，第一件事就是去拜见我的老师——畅销书《我与首富梁稳根》的作者、被称为湖南企业家的精神领袖、原三一重工的副总裁何真临老师。他是一个集"学者、商人、政治家"为一体的"三栖"人物。我将我的想法告诉了他，他觉得非常有必要，同时也鼓励我大胆地去尝试。老师说，一个人的活法有三重境界：第一重境界是要立功，也就是说，人生在世要建功立业，让身边的亲人活得更好一些；第二重境界是要立德，也就是说，当生活安稳一些以后，要想到帮助更多的人，比如办企业，给社会提供更多的就业岗位，让更多的员工学到更多的求生技能和本领；第三重境界是要立言，也就是说，你要把你过去失败的教训、成功的经验广为传播，让更多的人少走弯路，找到一条成功的途径，避免太多无谓的牺牲，要敢于将经验、教训告知他人。这一席话更加坚定了我的决心，即使写得不够完美，只要能让读者产生思考、借鉴，甚至吐槽，这本书本身就具备了一定的价值。就像爱多的胡志标一样，讲爱多失败的过程也是对社会的一种贡献。

几年前，我遇到了我的另一位老师，企业家的枕边书《一度战略》的作者、被称为策划界"外星人"的华红兵老师。从他那里，我对品牌有了更加深刻的认识，品牌神秘的面纱在我面前缓缓撩开。从服务 100 多家企业的过程中，我对品牌有了更深刻的理解。可以这样说，我的两位老师对我从事的品牌营销策划行业影响至深。结合他们对品牌的认识，我总结出对品牌的理解：品牌不是一个名词，而是一个动词，是一个不断保鲜升值的过程。品牌从来就不是一件一劳永逸的事，而是一个树立信仰与诚信的过程。品牌建设就是集中企业的有限优势资源，持续不断地给消费者提供物质与精神价值，满足消费者需求的一个过程。

在本书中，大家看不到高深的理论，只有口语化、自然化的淳朴文字语句。笔者的目的不是去教育大家，而是与大家一起探讨，在年轻的市场化的中国经济中，该如何更好地发展我们自己的企业品牌，发展我们的民族品牌，让我们的品牌更多更好地参与到世界经济体系的循环中。

最后，欢迎读者朋友、企业家朋友来电、来邮进行沟通探讨。

杨志勇

手机 13910208883

电子邮箱 yzy2102@163.com

# 推荐序  不做品牌毋宁死

未来世界只给企业留下两个窗口，一个是互联网，另一个是品牌创新。企业家到了选择的时候。

转型，再转型，一直是企业界永恒的话题。然而往哪儿转？如何转？企业家多数对此很迷茫。只有当方向非常明确时，方法才能显力。全球商业共识之一，毫无疑问就是品牌的创新是企业转型的必然之路。理由很简单，品牌重建才能实现商业模式重塑，企业的盈利能力才能得到保障。

长期以来，社会上普遍把品牌建设看成是只有大企业才能干的一件事情。殊不知，每一个成功者都是从培植品牌基因开始的。对于那些对品牌建设有误解的人而言，本书是很系统地修正和再认识，因为这是一部比较系统的论述品牌学原理的好书。

本书的很多见解非常有价值，还取决于一个重要的不可或缺的原因，就是作者杨志勇先生长达 18 年的营销实践与品牌操作经验。历经 18 年，只为这一天。字里行间都透露出实践家的思考与认知。这对于渴望品牌建设的企业家、经理人而言，是难能可贵的阅读与吸收的机会。

如今的书市琳琅满目，但精品不多。一本好书，是笔者一生阅历的集中呈现。但愿读者打开这本书时，也打开了一个品牌实践家的一生，更打开读者自己的未来！

华红兵

2014 年 5 月 19 日

# 目　录

**第一章　品牌，究竟是怎么一回事** ································· 1

　第一节　人人都清楚的事：企业要做强做大就要做品牌 ············· 1

　第二节　正视品牌对于企业生存与发展的作用 ··················· 4

　第三节　因何那么多企业打造品牌，却难见成效 ················· 10

　第四节　你真的知道品牌究竟是怎么回事吗 ··················· 15

　第五节　一个难以接受的现实：消费者才是品牌真正的
　　　　　缔造者 ············································· 20

　第六节　好品牌不是你说出来的，而是品牌自我呈现出来的 ········ 24

**第二章　让品牌自己说话，才能真正打造好的品牌** ··············· 29

　第一节　你应该知道的品牌打造误区 ························· 29

　第二节　产品、服务，品牌打造的真正能核 ··················· 40

　第三节　让品牌自己说话的实质：产品与消费者的连接点 ········· 50

**第三章　定位——品牌自驱力，让品牌说话的种子** ··············· 61

　第一节　为什么苹果手机卖得如此火 ························· 61

第二节　大多数人缺的不是品牌意识，而是定位意识……………… 65

第三节　目标是成就一切的基础，定位就是确定目标………………… 67

第四节　品牌定位的原则………………………………………………… 72

## 第四章　品质——品牌自驱力，让品牌说话的根苗 ………………… 83

第一节　产品虽不等于品牌，品牌却依附于产品……………………… 83

第二节　产品的质量就是品牌的保障…………………………………… 86

第三节　好的品牌都是在用品牌说话…………………………………… 90

第四节　打造品牌品质的途径…………………………………………… 93

## 第五章　个性——品牌自驱力，让品牌说话的资本 ………………… 107

第一节　每一个好的产品都有与众不同的地方………………………… 107

第二节　品牌的打造，其实就是产品以及企业个性的打造 ………… 110

第三节　认识清楚什么是品牌个性 …………………………………… 113

第四节　品牌个性不等于另类 ………………………………………… 116

第五节　找到自我品牌个性的来源 …………………………………… 119

第六节　品牌个性的创建方法 ………………………………………… 126

## 第六章　传播——品牌自驱力，让品牌说话的途径 ………………… 137

第一节　传播，才能让品牌越飞越高 ………………………………… 137

第二节　别把媒体宣传看作是单纯地做广告 ………………………… 140

第三节　原有的媒介宣传 VS 新媒体传播模式 ……………………… 143

第四节　只有把信息传递到有需要的人那儿才算有效 ……………… 146

第五节　不仅仅传递出信息，更要让消费者牢牢记住 ……………… 149

第六节　让消费者做参与者而非旁观者 ……………… 152

第七节　品牌传播的有效策略与方法 ………………… 155

**第七章　优化——品牌自驱力，让品牌说话的飞跃** …… 169

第一节　越是好的品牌，消费者期望越高 …………… 169

第二节　注意消费者的口碑 …………………………… 171

第三节　建立有效的市场与消费者数据库 …………… 173

第四节　以客户的不满与建议为突破口 ……………… 177

第五节　激励创新，赋予品牌新的血液 ……………… 179

第六节　建立品牌文化，增强企业成员的品牌荣誉感 …… 181

**附　录** ……………………………………………………… 185

**参考文献** ………………………………………………… 197

**后　记** …………………………………………………… 199

# 第一章　品牌，究竟是怎么一回事

## 第一节　人人都清楚的事：企业要做强
## 做大就要做品牌

当消费者确定要购物时，他们的心目中最先出现的问题，就是该买什么牌子的产品呢？消费者会做出两项决定，一项决定，举个例子，他会在自己的购物单上写上"森马"，也就是说，他会选择"森马"这个品牌的产品，不论是上衣、裤子还是帽子、围巾，到"森马"的店里他才会再做出相应的决定。另外一项决定是，当他确定要买某产品的时候，比如他想买上衣，先根据要买的上衣考虑几个品牌，然后经过仔细的分析比较后选中一个。对消费者购物方式的观察表明，他们把商品从货架上拿到购物篮里，平均要用 12 秒的时间。这 12 秒内品牌考虑占 6 秒，价格考虑占 3 秒，其他考虑占 3 秒。在当今品牌世界中，消费者的观念已经从产品质量消费、价格导向转向品牌选择，这就是品牌价值最简单的表现。

品牌对于所有者来说，已经越来越具有战略重要性。因此，也越来越被看作是所有者有权支配的财产，可以像其他商业财产一样进行投资和估价。也就是说，它可以像商品那样买卖而且价格非常惊人。例如，纽约杠杆收购巨头科尔伯格·克拉维斯·罗伯茨，在1989年花了310亿美元购买雷诺·纳贝斯克公司，就是因为雷诺·纳贝斯克公司拥有世界知名的品牌，如云斯顿香烟、奥利奥曲奇饼干和纳贝斯克薄脆饼干。当然这位杠杆收购巨头的兴趣并不在于雷诺·纳贝斯克公司的有形资产——它的生产厂房、设备和投资等，而在于这些知名品牌的潜在价值。

那么到底什么是品牌？它对于一个企业的作用到底有多大？一个企业要想做大做强，真的需要依靠品牌的力量吗？

当然，这些问题的答案都是肯定的。什么是品牌？根据美国著名营销学者菲利普·科特勒的界定：品牌是一个名称、术语、标志、象征、设计或是它们的综合，旨在借以辨认某个销售者或某群销售者的产品与服务，并将他们与竞争对象的产品和服务区别开来。

很早以前，人们就已经充分认识到品牌的价值：对于消费者来说，认识到它的价值，才会以经常光顾、积累消费的方式，来回报供货商高质量的产品或者服务；供货商自己也认识到了它的价值，他们知道自己的品牌象征着真诚；仿造者自然也认识到了它的价值。

从实践上看，品牌应该是一个营销学上的概念。品牌的一个最显著的特点就是它的附加价值，这种附加价值丰富了品牌的内涵。消费者使用某种品牌的产品，除可获得功能享受之外，还可获得精神享受，这种精神上的享受通常称为附加价值。从这方面说，品牌是企业的无形资产，美国"万宝路"香烟的总裁马克斯写了一段话："品牌是企业发展的最大资产，企业的牌子如同储蓄的户头，当你不断用广告累计其价值，便尽享其利。"换句话说，要想做大做强，就要拥有高质量的产品和优质的服务，品牌则恰恰是两者的代名词。拥有优质的品牌、成为名牌，就代表着你的质量和服务都没有问题。简单地说，就是企业可以通过品牌而达到对某一市场的占有权，并实现一定的市场占有率，包括通过品牌延伸开发新产品，进入新市场，获得顾客忠诚，突破各个地区，即品牌可以帮助企业达成这些经营目标。

首先，品牌决定产品价格。由于产品差异性日益缩小，价格也难有差异，所以企业的超额利润常常来自品牌，我们常常发现，花了50%以上的钱购买商品的品牌。品牌反映的可能是形象认同、品质信赖或情感性利益。也就是品牌形象越高，卖价越高，单位获利越高，因此品牌是企业获利的主要来源。试想一下，奔驰为什么可以卖得比通用汽车（GM）贵？答案就在里面。

其次，拥有品牌的企业，其新产品更容易销售。美国企业界流行这样一句话："非创新即死亡。"企业如果不能创新产品，将很难实现增长目标，甚至无法生存。谁都知道，新产品上市是一项极为艰巨复杂的任务。这个时候品牌的力量就显现出来了，因为已有品牌具有的声望使得新产品更容易被消费者所接受。例如，宝洁公司要推出新产品，消费者会认为，新产品的品质和该公司其他产品的品质一样好，因而会加速对新产品的采用。新产品往往都是在旧产品的基础上改进创新所得，所以也会给已有的品牌加分。

再次，品牌是与顾客沟通中最核心的东西。美国加州大学柏克莱分校的营销学教授大卫·艾克，就深入分析了"品牌产权"，认为其将成为企业最有价值也是最有影响力的竞争武器。他认为，现在大多数企业面对的，是高成长后的经济衰退期，要使企业长期立于不败之地，只有保住顾客！而品牌则是维系顾客与市场的关键黏合剂。在市场竞争中，必须与消费者建立起一种关系、一种良好的沟通，才能够取胜，而沟通的核心就是品牌。

最后，品牌协助建立企业形象。中国企业中因此而导致的失败，最典型的案例是山东秦池酒厂和三株口服液，都是因为几则负面新闻而影响了企业的形象。形象不好的企业是做不出好产品的，服务质量也不会很贴心，这点毋庸置疑。一个企业的经营思想、产品质量、服务质量等，都凝聚在品牌之中。所以，拥有强势品牌是企业建造良好形象的关键，是企业最宝贵的财富，可以为企业创造长期的，也许是永远的利润。例如，在十种主要产品门类中，美国的十个品牌自 1925 年以来一直在同行业中保持第一，它们是 Goodyear（轮胎）、Kodak（摄影器材）、Wrigley's（口香糖）、Nabisco（饼干）、Delmonte（水果罐头）、Ivory（肥皂）、Gillette（刀片）、Coca—Cola（饮料）、Lipton（红茶）、Campbell's（羹汤）。《中华工商时报》1999 年对全球最有价值的品牌进行评估，其评估价值都在几百亿美元以上，可见品牌形象对于企业的重要性。

创立一个强有力的品牌是许多企业的梦想，也是企业做大做强的关键。建立一个像沃尔玛那样拥有巨额资产的品牌，会为企业带来许多利益：拥有非常忠诚的顾客；面对竞争对手，拥有更强的防御力；更多的业务或价值链成员的更多合作和支持；更多的利润空间；顾客对价格的变化有更多理解；更加有效的营销沟通和许可转让，以及品牌拓展的机会。

# 第二节　正视品牌对于企业生存与发展的作用

有人说，在农业时代竞争的是土地，工业时代竞争的是机器，在如今的信息时代竞争的就是品牌了。从某种意义上讲，现代企业之间的竞争，越来越表现为品牌之间的竞争，至少可以说品牌是企业核心竞争力的外在表现。

对于品牌，我们还可以这样来认识：品牌是生产者或者经营者为了标识其产品，以区别于竞争对手、便于消费者识别而采用的显著标记。其实，现在品牌不再仅仅是一个标记了。可以说，品牌是由核心价值理念加真诚的星级服务，所铸成的永久不变的品牌印象，它是用来区分成功品牌与不成功品牌的标识。

大量事实证明，一个享有盛誉的品牌，将是企业的一笔巨大财富。在全世界范围内，品牌价值上百亿美元的品牌并不少见，这固然是企业长期经营的成果，更是产品质地的优异和市场营销组合得当的结果。经验表明，品牌设计的巧妙、品牌决策的正确、品牌保护的得力，对于企业的生存和发展具有十分重要的作用。但品牌对企业的作用还不只这几点，现在我们要研究品牌对企业内部的作用，以及对外部也就是对消费者以及社会的作用。

## 一、对人力资源管理的作用

良好的企业品牌，有助于吸引、招聘和留住优秀人才。同时，可以提升企业人力资源管理的有效性，有助于理顺和加强劳资关系，提高员工对企业的忠诚度，增强员工的归属感和荣誉感。此外，也反映了员工与客户对企业文化的体验与认同。

（1）人才引进的助推剂。国内一家著名的人才网站，日前针对大学生最想去的企业做了一项调查。调查显示：海尔集团是大学生最认同的企业，得票数为 988 票，占总票数的 8.95%；其次为 IBM 公司，得票数为 939 票，占总票数的 8.16%；紧随其后的企业依次为微软、联想电脑、宝洁等。据调查分析，大学生想去这些企业是基于他们对企业品牌的认同。企业间的竞争综合而言是人才的竞争，现在企业的人才出现两个问题，一个是招不到，另一个是留不住。品牌企业注重员工的个性发展并指导员工职业发展规划，从

"干一行爱一行"向"爱一行干一行"转变。而且品牌有利于企业美誉度与知名度的提高,好的企业品牌让外界羡慕、向往,从而吸引人才加入。中国著名管理咨询专家、中国人民大学教授彭剑锋曾说:"对于一个企业来说,品牌是企业最重要的核心资产,是企业核心竞争力的源泉。企业品牌的建立,对缓解目前跳槽日益频繁的企业来说,无疑是一道曙光。"

(2)客户满意度和员工忠诚度的利剑。星巴克有一句名言:"我们照顾雇员,他们照顾顾客。"星巴克坚信,只有照顾好顾客,让顾客满意,才能给企业带来丰厚的回报。优质的服务来源于满意的员工。员工的满意,取决于对企业品牌的认可。企业品牌的主要因素之一是企业文化,这种企业文化对于凝聚企业员工和增强其服务意识,具有潜移默化的作用。这种凝聚力不仅能使团队成员产生自豪感,增强员工对企业的认同感和归属感,使之愿意留在该企业,而且有利于提高员工素质,以适应企业发展的需要,使得全体员工以主人翁的态度工作,产生同舟共济、荣辱与共的意识,使员工关注企业发展,为提升企业竞争力而奋斗。

(3)企业品牌无形资产的强化剂。品牌企业拥有最敬业的员工,最敬业的员工为企业带来无形资产。品牌企业对员工的投入,产生了明显的回报。与其他公司相比,品牌企业使管理者有效地与员工沟通,让员工理解并积极认可企业愿景与目标,通过有效的认可和激励机制帮助员工提高绩效,不断激励员工实现出色的业绩。通过不断赋予其具有挑战性的工作,让员工受到鼓舞,从而自愿付出更多努力达成更高的绩效目标。所以,成功的品牌优势,可以长期影响员工以及企业的市场绩效,最终影响企业的生存与发展大局。

## 二、品牌价值有助于改善企业的生存与发展环境

物竞天择,适者生存。企业作为市场中独立的企业公民,不仅与同类进

行着存亡或消长的竞争，而且适应着企业内部与周边的诸多环境，并影响和改善这些环境。品牌作为企业的灵魂，对改善企业生存与发展环境，起着积极的促进作用。

第一，品牌是企业与政府之间沟通交流的桥梁。政府影响力决定着企业的发展方向，银行贷款、政府政策、政府扶持等都是企业发展过程中的重要影响因素。政府与金融部门能够为企业的发展锦上添花，让企业实现资金的快速流转。那么，什么能够为企业赢得这些优势条件呢？答案是品牌。品牌具有区域或全国影响力，而且充分展现了企业承担社会义务的能力，能为企业的公益事业做出力所能及的贡献。

第二，品牌为企业改善了行业环境。保健品行业是最混乱的行业之一，业内充斥着真真假假、虚虚实实的产品、技术和品牌。"混迹"其中的"太太口服液"，依靠"女性文化魅力的品牌"，为保健品行业画上了清丽优雅的一笔，也为改善保健品行业环境，履行了保健品老大的义务。

毋庸讳言，国内市场在一般性发展过程中，不少行业都出现过恶性竞争、相互诋毁、价格竞争等现象。经过"战国时期"的混战局面之后，才会有"英雄企业"高举品牌的大刀，为行业扫清乌七八糟的东西，使乌烟瘴气渐渐减淡，为企业本身也为整个行业开拓一片清澈之地。具体路径为：市场领导品牌的出现，会带动业内同仁向着更高的目标前进，进而会慢慢改善整个行业的环境。之后，行业内多品牌的建立和崛起，将会使行业的环境更加健康。

第三，品牌为企业发展打造高成长环境。"小护士"是国有品牌内，较为年轻的低端产品之一。其被欧莱雅收购后，以卡尼尔技术为宣传支撑点，清新绿色的宣传风格迅速提升了品牌高度。"小护士"的脱胎换骨，离不开欧莱雅品牌形象的深远影响。所谓大树下面好乘凉，知名品牌为纳入者打造了高贵的身份。

品牌环境是企业既有品牌在社会中已形成的影响力，以及在顾客心目中印入的企业文化和企业精神。品牌是与消费者进行观念上交流和沟通的载体。当一种品牌已经在大众群体中奠定了价值认同的基础时，企业产品线的延伸或是企业扩张也会备受惠泽。消费者的爱屋及乌意识，会把已有的品牌印象和认同，赋予新的产品或品牌中。

### 三、品牌的形象作用，把消费者等级化

品牌文化可以在精神高度上达成共识，品牌情感可以触动消费者内心最柔弱的地方。文化和情感的认同促成了消费者的购买行为，品牌对消费者精神层次的满足，将会培养一批忠诚的顾客。品牌的定位只有依据消费者的不同特征，划分不同的群体级别，才能起到举足轻重的作用。

第一，消费者的横向等级化。消费者的横向等级化是最普遍的一种划分形式，是根据消费者的消费层次和经济能力进行划分的方式。例如，很多企业的产品定位是高端、中端、低端。高端的群体是都市白领，中端的群体是工薪阶层，低端的群体是农村市场。面对这些群体，我们需要到什么山上唱什么歌，看菜吃饭，量体裁衣。针对低端的农村市场，如果还是采用阳春白雪的论调来讲述品牌，显然不符合目标人群的心理；而针对高端客户，采用下里巴人的沟通方式，也会招致客户的鄙夷不屑。

在消费者横向等级化划分中，欧莱雅品牌王国是一个十分成功的案例。欧莱雅在进入中国市场之初，就将目标人群定位为有一定经济能力且年轻时尚的都市女性。并按照消费能力做了进一步的细分区隔：在护肤品行业，处于顶级的一级品牌为 HR（赫莲娜）；二级品牌为 Lancome（兰蔻）、Biotherm

（碧欧泉）；三级或者三级以下品牌为 L'Oreal（欧莱雅）、Garnier（卡尼尔），还有收购的国内品牌"羽西"和"小护士"。同时，还有在药房专销的"薇姿"与"理肤泉"两个品牌。各个品牌均对群体进行了准确的定位，且采用了适宜的文化和情感沟通，获得了消费者心理和价值观念上的认同。

第二，消费者的纵向等级化。横向等级是不同产品定位不同的人。相比之下，纵向等级化的范围就小很多，是指深入挖掘单个产品的内涵，通过产品的文化内涵达到与消费者内心沟通的目的。这样可以进一步细化市场，精准定位，与目标顾客的文化、价格观念相吻合。中国传统文化派系百花齐放，儒、释、道等多种文化相互渗透、影响。置身于这种文化大背景，企业需要根据自身的地域、历史、产品特征等，进行不同"文化点"的挖掘，并与消费者进行情感沟通。

以"飘柔"洗发水为例，最初采用的是颇为时尚的功能诉求，如"柔顺"、"润发"、"去屑"、"多效护理"等。但当大部分人的头发不再有头屑的时候，"去屑"的功能性定位就变得毫无意义。于是，超脱产品之外赋予品牌个性精神，"多重挑战，同样自信"取得了不错的效果，这就是消费者纵向等级化定位的价值所在。

第三，消费者等级化让品牌明朗清晰。中国移动的"动感地带"品牌，是年轻"拇指群体"的代名词，是"80后"的代名词，所以让周杰伦代言。这个群体具有街舞、音乐、个性张扬、自我意识等特点，而这一群体也在中国移动的品牌渲染下不断扩大，心理沟通甚为默契。谈及一个品牌时，就不自觉地想到这个品牌对应的人群，想到目标人群的特征。品牌文化来源于目标群体的群体文化，同时又引导或加深群体文化的发展，扩大品牌所描绘的群体范围。

品牌对于自身内部建设、外部环境改进以及消费者的定位，都有举足轻重的作用。所以，企业要寻求健康、快速的发展，打造品牌是十分必要的。

## 第三节　因何那么多企业打造品牌，却难见成效

### 一、企业家和经理人对品牌管理持不信任的态度

很多品牌创立失败的原因，主要还是主观认识没有改变，很多企业家和经理人并没有从根源上了解品牌管理的重要性，还对品牌管理持不信任的态度。他们认为，品牌管理不如代工来钱快、简单和"实在"；品牌管理投入大，但收益不直接，需要考虑和配套的内容太多、太复杂、不可控因素太多，风险大。

这些企业家没有打造品牌的意识，主要是因为他们没有站到产业链顶端，因而看不清以品牌管理为基础的商业模式，而形成了依赖原有低端产业商业模式的心理。大多数企业家都是白手起家，从无到有，所以不想有太大的波折，而且对自己建立的行业模式也比较自豪，我国的企业家更是如此。因为我国有充沛的劳动力，为劳动密集型商业模式提供了取之不竭的资源，巨大的中国市场为中国企业提供了广阔的舞台。国内市场的快速增长，让中国制造商觉得国内的日子不错。但是由于这种企业从无到有，商业模式大都非常初级，管理粗放，人员素质参差不齐。又由于小富即安的思想作祟，也搞不懂国际品牌控制价值链的现实，让很多企业对转型为以品牌管理为基础的商业模式，产生了严重的畏惧心理。

所以企业要想更好地打造自己的品牌，先要明确态度，敢于打破这种国际经济旧秩序下的全球产业链，建立品牌，建立成熟的品牌管理理论，尽量从低端的产业商业模式向以品牌管理为基础的商业模式发展。

## 二、品牌的定位并不是宣传产品，关键是挖掘产品理念

很多企业家抱怨，我们企业的产品质量很好，也投入了大量金钱搞广告宣传。相信通过这些广告宣传，消费者也知道我们的产品。可为什么我们的产品还是卖不好？我们经常讲品牌，为什么品牌还是创立不起来呢？

回答这个问题之前，我们先要知道，很多人认为做品牌就是打广告，产品做得好，不如广告打得好，这其实是一个误区。尤其是在当前媒体高速发展、日新月异、新载体层出不穷的情况下，以前单纯地通过电视、报纸广告，就可以"让产品飞"，现在不行了。不但需要整合电视、电台、报纸、分众传媒、互联网等平台进行大量宣传，还要洞察受众人群，这样才能取得好的效果。

市场营销的本质就是研究消费者的需求，那么，应该如何研究这种需求呢？我们需要的是洞察，只有会洞察才能清晰地解释或者揭示消费者的真相。要能从冲突中发现需求，这样消费者就愿意花费更多的时间在能解决他们生活冲突的品牌上。

以女性消费者购买化妆品为例。女性消费者在希望改善皮肤的同时，又害怕化学类的化妆品会对她们的皮肤造成伤害。这就是她们自身的一种需求之间的冲突，想美丽但是又害怕副作用。这个时候怎么办？答案是使用天然即本草的化妆品。这样，天然的本草化妆品自然就有了市场。但是我们都知道，本草化妆品有一个致命的弱点，就是效果太慢，这与很多想迅速变美丽

的女性的需求又形成了冲突。而相宜本草的面膜就是抓住了这个冲突，通过宣传"我是能快速见效的本草面膜"，在一年时间里，销售额提高到2亿多元，增长达到了150%。

另一个成功的例子是柒牌男装，它们的广告语："男人就应该对自己狠一点。"这个广告语也被评为2008年十大明星广告语，这项殊荣说明其比较深入人心。正是因为它们对消费者有了充分的洞察，其产品不属于高端产品，所以目标人群不一定都是成功男人。现实中有很大一部分在创业中或者在艰难创业的男人，他们对生活不再有信心和激情，因此这个人群非常需要激励。这其实就是一个冲突点，所以出现了"柒牌男装，迎着风向前"这样激励性的广告语。生活就像一场战斗，谁都可能会暂时失去勇气，要改变命运，先改变自己，男人就应该对自己狠一点。这十分迎合消费者的心理，于是取得了成功。

从以上事例中可以看出，在品牌的打造中，对冲突的洞察起着决定性的作用。但是像那些爱抱怨的企业家，虽然也做了很多宣传，让消费者通过电视、报纸对其产品有所了解，认为这就是树立品牌，那就大错特错了。消费者虽然知道你的产品，却不知道你的产品能够满足他们的哪些需求，再加上没有心理上的共鸣，这种品牌打造注定会失败。

## 三、投机心态严重，幻想成为"暴发户"

在打造品牌的过程中，有些企业表现出来的是浮躁。主要表现为缺乏内视和自省，不尊重客观规律，没有一贯的目标，投资赶时髦，盲目求发展，总想一口吃成胖子，妄想一夜成名。有一家企业曾经花了7000万元在中央电视台打广告，成了标王。虽然名声大震，但是很多想购买产品的顾客却买不到产品。因为店面推广没有跟上去，缺乏有效铺货，结果可想而知。

其实品牌也是要"从娃娃抓起"，因为品牌塑造是一个厚积薄发的过程。不能指望一个广告就把品牌形象塑造起来，品牌提升是需要一点一滴去做的。先把产品做好，然后通过顾客的口碑营销、各种广告宣传、规范化的运作团队等，全力推进品牌的积淀，这样才能让品牌在顾客心目当中慢慢鲜活起来，切不可像广告标王那样鲁莽行事。

这种投机倒把的心态是历史原因造成的。在改革开放之初，由于市场机制不完善，市场竞争不充分，那时的成功主要靠胆大、机遇。所以，那个时代被称为草莽英雄的时代。经过 30 多年的改革开放，如今的情况大不一样了。草莽英雄的时代已经一去不复返，取之而来的是实力创业的时代。因此，在创立一个品牌之前，必需练好内功。这里所谓的内功包括很多方面，总而言之就是精细化、科学化和现代化的管理基础。我们看到，很多大企业有以前成功的经验，但那些经验已经不再适用了。如果修炼内功还无法完成新品牌的孵化，再不加以改变，依然按照以前的草莽模式来创立品牌，这就是失败的开始。

这种草莽行为的原因还有一个，就是他们认为名牌等于品牌。其实在西方国家，名牌这个词是不存在的，名牌只不过是品牌边缘化的一个产物，是品牌打造的一个阶段。同时我们也要认识到，名牌来得快，去得也快，就相当于我们不可能不经历社会主义社会，直接跨入共产主义社会一样。前面我们提到的标王秦池酒厂，就是"其兴也勃焉，其亡也忽焉"。虽然获得了短暂的成功，但还是经不起时间的考验而在市场上消亡了。其实，像这样的"暴发户"品牌，一夜成名又一夜倒下的，不胜枚举。但这种快速扩张品牌的行为犹如饮鸩止渴，的确不可行。

## 四、很多企业认为打造品牌是大企业的事，打品牌就是浪费钱

虽然很多企业也知道品牌战略的重要性，但是由于自己能力不足，力不从心，认为浪费钱。而且品牌的作用往往在短时期内无法体现出来，因此在企业战略规划以及年度经营预算当中，对提升品牌往往缺乏分析和通盘考虑，品牌打造也迟迟不能提上日程。其实这是一个大大的误区，打品牌绝对不是大企业的事情，任何一个企业都可以潜移默化、稳扎稳打提升自己的品牌。刚才我们也讲过，投入巨额广告费绝不是创立品牌最好的方法，相反还是一个误区，品牌提升需要一点一滴积累。打造品牌不仅仅依靠广告，还可以通过"好产品自己会说话"的方式，通过促销活动，通过公关活动甚至现在的微博营销等，从点点滴滴做品牌。

对于同仁堂，想必无人不知无人不晓，它是中国为数不多的百年企业，但我们却很少看到它铺天盖地的广告。为什么没有广告还能经营得这么好？因为它就是通过货真价实、诚信经营等独特的方式，促使顾客口碑相传，让大家知道同仁堂这个品牌。又如，北京的全聚德烤鸭店，同样也没有铺天盖地的广告宣传，它是通过区域名小吃成为地方的一道民俗或文化，也可说是特产，而在顾客当中广泛流传。像这样花小钱办大事的例子不胜枚举。所以说，不论是大企业还是小企业都应该做品牌。因为打造品牌的方式有很多种，也可以不浪费钱，我们需要注意这一点。

我们要想做好品牌，先认清以上打造品牌的误区，然后抱着一颗平常的心去看待品牌、规划品牌、打造品牌。如果企业的品牌真正打造好了，它将具有很强的溢价能力。未来的竞争一定是品牌的竞争、文化的竞争，企业能否打造出好的品牌，就意味着企业未来能否有较强的市场竞争力。

## 第四节　你真的知道品牌究竟是怎么回事吗

现在社会各界都在谈品牌，也认识到了品牌的重要性，企业都希望把自己的品牌做起来，把品牌打出去。要想做好，我们先要知道什么是品牌。但笔者发现，我们的品牌观念存在很多误区，很多人对品牌的认识并不清晰。这样就造成塑造品牌的行为模糊、随意，产生的品牌结果自然也是差强人意的。

谈论品牌之前，给大家讲一个简单的故事。从前有一个人，他叫乔布斯。他种的苹果特别好吃，而且产量也比较高。于是他就把苹果拿出去卖，结果大受欢迎。乔布斯于是又种下了更多的苹果树，出售更多的苹果。由于这个时候乔布斯种了很多苹果树，而且卖得也不错，他小赚了一笔。其他人看到乔布斯富了起来，纷纷学习种苹果技术，也开始卖苹果，出现了乔斯布的苹果和布斯乔的苹果。这样竞争就变得愈加激烈，乔布斯的苹果销量就开始下滑。乔布斯为了保住苹果的销量，于是开发了多个苹果品种，满足大家的不同口味，提升苹果的品质，例如剔除那些有虫眼的苹果等。同时为了区别乔斯布的苹果以及布斯乔的苹果，在自己的苹果外面加上了一个包装，并打上自己的名字。这样乔布斯又小赚了一笔。这个时候，乔布斯觉得当地的市场已经饱和，决定去另外一个村子卖苹果。于是他在那个村子找到一个水果店老板"联通"代销苹果。当然，乔斯布和布斯乔也不甘示弱，纷纷进入该店。这个时候乔布斯为了卖出更多苹果，动起了小脑筋。他开始做促销吸引更多的人，同时给予那个店老板更多的好处，并在店门口的树上打出乔布斯苹果的招牌，介绍自己的苹果如何如何好吃，这个时候乔布斯的苹果还是卖得不错。当然乔斯布和布斯乔，也采用同样的方法和他竞争。有一天，乔布斯因为和店老板关于销售返点的分歧而懊恼不已，突然听到身边有一个年轻的女孩子对旁边的人说："乔布斯的苹果真好吃，有点酸还有点甜，我就喜欢那种味道。"他就在想，如果我的消费者指名要买我的苹果，那么那个店老板就很难向他要求提高返点，自己的销量也就有了保证。通过调查，乔布斯了解到，苹果的购买者通常是一些年轻的女性，她们为了减肥和美容，每天都要吃苹果。乔布斯决定用"健康的美丽"和消费者进行沟通，以苹果包装、广告沟通的方式从消费者出发，用消费者的口吻，讲述乔布斯苹果与消费者之间的故事。并和瑜伽中心联合举办活动，给乔布斯苹果和消费者创造更多的沟通机会。随着乔布斯苹果影响的增大，很多女孩甚至以吃乔布斯的苹果为荣。乔布斯也应女性的心理要求，推出节日版、情人节版等各种产品，一时间乔布斯的苹果库存严重不足……

前面的故事通俗地介绍了为什么会有品牌，从中我们还知道了品牌的一些信息。品牌是市场营销发展到一定阶段的产物。品牌的基础是产品，但品牌的核心竞争力却不是产品。品牌之所以具有巨大的影响力，是因为它和消费者之间建立了某种情感的联系。下面为大家一一分析。

先说一下，到底什么是品牌？

品牌在千百年来的商品交换中都起着重要的作用。在手工业时代，品牌是区别好坏的象征。做工好的产品会有很好的信誉，也就是具有很好的品牌。在机器时代，品牌是区别质量优劣的象征。那个时候如果提到质量好的电器，我们先想到的就是日本，日本的松下、索尼电器享誉全球，其卓越的品质有口皆碑。在商品时代，品牌是占领多少市场份额的象征。英国的茶饮料品牌"立顿"，是不是质量最好的产品呢？笔者觉得不完全是。中国是一个具有悠久茶文化历史的国家，中国茶享誉全世界，但是"立顿"在全世界范围内无人不知、无人不晓，这就是市场份额占有的一种表现。在信息时代，品牌就是多少科技含量的象征。进入计算机时代，国产计算机锋芒毕露，但是所有的计算机基本上都有英特尔的标志，这就是品牌的意义。在品牌时代，品牌是占有财富多少的象征。例如，国外著名品牌在中国"跑马圈地"以及中国企业替人"做嫁衣裳"的严酷事实，令每个炎黄子孙都不能漠视。外国公司专门瞄准中国民族工业的"排头兵"围追堵截，中国民族企业正面临着严峻的形势。当然随着政治、经济、文化的发展，品牌表现的意义还在不断发生变化，品牌的重要性往往表现得更加突出，甚至产品已经被淘汰了，还给人们留下了深刻的印象。对于在不同时代对品牌的认识，总结以下几点，说明品牌到底是什么。

## 一、品牌是主权

全程品牌策划公司总顾问、三一重工原副总裁、《我与首富梁稳根》的作者何真临说过：和平年代，大国的崛起首先是品牌的崛起；品牌发展至今，品牌不单单只有识别的作用，它还代表着专利和独有的享有，品牌总是在最大限度地维护品牌所有人的利益和权力。这是品牌的个性，是独立的表现，当然只有鲜明区别于其他品牌，才能凸显品牌的主权，甚至民族的主权象征。

这种主权意识还表现在，品牌是对消费者的一种承诺。即如果购买这一品牌的产品，就可以保证品牌所代表的产品或服务品质优良且始终如一。当然，也有利用法律形式保证这种品质的唯一，而不容假冒和伪劣产品或服务的侵犯。

说到主权我们不得不提到一个词，那就是授权。授权二字足以将其中的利益关系表达得淋漓尽致。品牌的持有人可以决定产品由谁生产，在哪里销售。这其中有两个层面的意义：其一，品牌独立自主、健康的发展；其二，要充分保证品牌主权的完整性。

## 二、品牌是疆域

在农业文明占主导地位的封建社会里，土地是人们最主要的生产资料，因此人们把疆域局限在可供谷物生长的陆地。当工业文明兴起，带来生产力与生产关系的变革之后，人们从田地里走了出来，疆域的概念开始扩展到更广阔的地方，开始对市场进行占领，为了抢占市场，人类战争不断发生，以扩展海外市场。从古至今，人类一刻也没有停止过对疆域的占领和争夺。然而当品牌时代来临，疆域的概念不仅囊括了土地、海陆空等可见的空间，还深入到更加广袤浩瀚的人的心灵世界。

当今世界有 60 多亿人口，1 万个左右不同文化背景的民族或部落，200个左右国家政权，数百个为不同利益而结合的国际组织，5000 多种语言，5000 多种宗教信仰。在这样一个复杂的社会环境中，品牌为王的时代到来了。品牌划定的疆域绝非依国界而定，而是突破了语言、宗教、历史，品牌疆域可扩展至极大。

只有拥有品牌，才能有更广阔的发展空间，品牌疆域的大小即品牌在人们心目中的地位。像人类战争争夺土地和市场一样，同一领域的众多品牌绝不可能和睦共处。因为每个品牌都渴望获得更大的生存空间，从而导致品牌疆域的争夺，也就是愈演愈烈的品牌竞争。

### 三、品牌是精神

奥运会为什么有这么大的影响力？因为在和平年代，要想给祖国带来像战场上那样的荣誉感，无非靠这些运动健儿的体育比赛。综观古今，各国家民族不懈地追求科技的领先与财富的创造，都是为了谋求本国家本民族的兴旺发达。民族自尊心、自信心和自豪感，是每个民族都具有的情感。正是这一份情感的驱动，使得民族自强成为世界人民共通的精神。

在品牌文化占主流的当今社会里，品牌和民族精神的关系更加微妙。它不仅囊括了品牌特性中的某种人性化特征，更成为品牌存在的先决条件。

对于我们而言，"振兴中华"是每个中华儿女的心声。"振兴中华"的民族精神需要品牌的支撑，而民族精神也为品牌带来了生机与活力。从我国许许多多的品牌理念中，我们都可感受到民族精神注入品牌时，带来的感召力与兴奋度。例如"海尔，中国造"；"长虹，以产业报国、民族昌盛为己任"；"中国人喝自己的可乐"，诸如此类的豪言壮语不胜枚举。也正是这种满怀爱国热情的品牌理念，使品牌本身也变得恢弘大气。当然要真正做到"古为今用，洋为中用，中学为体，西学为用"，才能打造出具有中国民族文化特征的世界知名的优秀品牌。

### 四、品牌是财富

我们在前文提到过纽约杠杆收购巨头科尔伯格·克拉维斯·罗伯茨。他在 1989 年花了 310 亿美元，购买了雷诺·纳贝斯克公司。就是因为雷诺·纳贝斯克公司拥有世界知名的品牌。还有，我们也列举了世界 500 强企业的品牌价值，都是几百亿美元以上。也就是说，就算产品没有了，品牌也同样具有很大的价值。

好莱坞给人印象最深的，莫过于几个竖立在山坡上的巨大英文字母"HOLLYWOOD"。这座山，也被人们亲切地称为"好莱坞山"。它如同好莱坞的名片，已经成为美国电影业的象征，好莱坞的发展史就是美国电影的发展史。好莱坞的影片出口世界各地，不仅输出了美国的文化，更为其带来了丰厚的利润。

近日，美国政府以高昂的价格收购"好莱坞山"，来保护"好莱坞山"这笔巨大的品牌财富。几个破旧的铁字"HOLLYWOOD"蕴涵着品牌象征的无形的、巨大的财富。这种财富，是好莱坞电影的象征，是美国文化的象征。这种品牌的财富，是精神与物质并重的，是一种品牌的文化遗产。

## 第五节　一个难以接受的现实：消费者才是品牌真正的缔造者

人们对品牌的认识，还普遍存在着一种误区，把品牌打造看成是企业内部的事情，认为其好像一种商标权，就是做一种与竞争者相区别的标识。因此，企业往往单方面地创立品牌，完全忽略消费者在其中的作用。其实，市场远远没有那么简单，我们最大的敌人绝对不是自己的竞争对手，做品牌也不是简单地打败竞争对手，而是要更好地迎合消费者。简单地说，你可以逼得对手吐血，但无法逼迫消费者"出血"。

我们在评估品牌价值时也有一个误区，往往仅偏重财务角度或多从政府管理部门的角度出发，而忘记了消费者。试想一下，是谁决定了产品销量，决定了市场份额，决定了品牌的价值？这一切的一切，都取决于消费者。品牌及其价值基于消费者而存在，品牌形象是通过消费者口碑塑造的，品牌价值是通过消费者评估得出的。所以评估品牌价值时，我们最不能忘记的就是消费者。建立并强化品牌与消费者的关系，培养忠诚顾客，是提高品牌价值的关键。

品牌最高的境界，就是与消费者建立和谐、亲切、友好的关系，使品牌成为消费者的一个朋友、一个心理的抚慰者。一个品牌能与消费者建立起类似于朋友、关心者、自我实现的代言人这样的关系，就会获得很高的品牌忠诚度。

案例一

湖南翻天娃食品公司过去对品牌价值的认知，停留在初级阶段。认为生产不同包装的产品，是建设品牌的唯一途径。董事长聂灿华先生听完作者关于"品牌价值塑造"的课程后，果断地与作者公司湖南全程品牌策划进行品牌建设的深度合作。树立以消费者为中心的品牌理念，将品牌文化与目标消费者群体文化相结合，确立"天真、活泼、浪漫、快乐"的品牌核心理念，在产品开发、包装设计、品牌沟通、品牌形象、品牌传播各方面，紧紧围绕品牌核心理念进行品牌建设工作。2013 年销售额增长超过 120%，品牌认知度也大大提高，品牌进一步与消费者建立了清晰的连接关系。

案例二

雅芳被称为"女人的知己"。雅芳把自己定位为"一家属于女性的公司，一家最了解女性需要、比女人更了解女人的公司、并满足她们自我成就感的公司"。这当然不只是一种口号。在实际工作中，雅芳除了为全球女性提供一流的产品及服务，在消费者护肤美容教育等方面，帮助女性获得美丽与自信外，还通过"赞助乳腺癌防治教育"、"赞助中国女子足球队"等公益活动，让妇女朋友获得健康、进步与自信。这些广告宣传、公关活动等，都以女性朋友的角色和心态关心女性，成功地树立了"女人的知己"这一关系识别标识。

那么，消费者在品牌缔造方面，到底起到了哪些重要作用呢？

## 一、消费者是品牌得以存在的核心

我们是先制造产品再去寻找客户，还是根据客户的需要制造产品？显然后一种方式更好。品牌的缔造也是一样。品牌是消费者对产品（服务）的全部感受，即满意度、信任、相关性、意义与价值感等的总和。根据消费者对该品牌的描述，我们就可以勾勒出品牌的面貌和发展状况，并得知消费者对品牌的态度与行动。毕竟，消费者才是品牌赖以生存的真正根基。所以，一个好的品牌具有好的属性或称为品牌基因。只有这种基因的价值观与消费者一致时，才能得到消费者的认可。

在"舒肤佳"进驻中国市场之前，"力士"一直占据着香皂市场霸主的位置。但是"舒肤佳"出现之后，"力士"很快便让位给了"舒肤佳"，这到底是什么原因呢？

论品牌的传播策略，双方都是高手，都围绕着品牌核心价值传播营销，使品牌形象深入人心。"力士"的品牌理念是"芬芳怡人、滑爽光亮"，而"舒肤佳"只是简单的"除菌"。在广告代言方面，"力士"选择的是国际影星，演绎其"滋润、高贵"，而"舒肤佳"则请家庭主妇，传达其"除菌"的品牌核心价值。"除菌"是香皂最基本的功能，从这一点来看"舒肤佳"略逊一筹。但是问题就出在这里，"力士"的"滋润、高贵"，不及"舒肤佳"的"除菌"更贴近消费者的内心。因为"除菌"关系到全家人的健康，这一点很重要。所以，品牌核心价值的确定，必须充分站在消费者的立场上，这样方能成功。

## 二、消费者是品牌价值体现和提升的基础

消费者既是产品的消费者，又是产品的传播平台。北京百年老店同仁堂就充分认识到这一点。北京同仁堂没有铺天盖地的广告宣传，依靠的就是消费者的传播作用。"金杯、银杯，不如老百姓的口碑；金奖、银奖，不如老百姓的夸奖。"消费者是产品的消费对象，在双向传播过程中，传授双方相互交流和共享的信息，保持着相互影响和相互作用的关系。如果消费者对于产品的认识、情感和行动是正面的、积极的、友好的和愿意接近的，品牌就可以很好地缔造，就可能转为一种无形资产，体现品牌的价值。这也是品牌资产的评估依据之一。如果消费者对于产品的认识、情感和行动是负面的、消极的、反感的、抵触的，品牌就面临着很严重的危机，品牌资产也就无从谈起。前一种顾客，我们称之为忠诚顾客。成功的品牌总是牢牢地把握住消费者，引导他们由完全缺乏认知到开始购买，再促进他们更进一步成为忠诚顾客。品牌的忠诚客户意义非凡，不仅可以节省企业的营销成本，而且他们的持续购买还可以为企业塑造良好的口碑，他们还会介绍更多的顾客，这是招揽顾客最简单的方式。因为他们都是顾客，都有一样的需求，而且利益点都是一样的。所以，我们说消费者是品牌价值体现和提升的基础，尤其是忠诚顾客，已经成为提高品牌价值的关键所在。

消费者主导的价值创造对于企业利益的影响，目前有两种观点：一种观点认为，它摆脱了生产领域创造价值的束缚，真正地以消费者为中心。因此，

可以提高消费者的满意水平和价值，使消费者更多地购买企业的产品，这会让企业获益。另一种观点认为，它会增加企业开支，降低企业的利润和发展能力。显然后一种说法是片面的。我们认为，消费者创造价值不但不会降低企业的盈利能力，反而会增强企业的核心竞争力，是一种双赢。通过以上分析，我们有理由相信，消费者创造价值不但能让消费者获益，还能给企业（产品）品牌带来良好的口碑，降低企业的广告宣传费用，让消费者对品牌更加忠诚。因此，在品牌建设中，我们要积极看待消费及消费者的作用，发挥消费者的主观能动性，通过消费者的价值创造活动来进行品牌建设。

## 第六节　好品牌不是你说出来的，而是品牌自我呈现出来的

现代企业充分认识到品牌对企业的重要性。首先，好的品牌可以帮助企业存储商誉、形象。其次，好的品牌是企业的一种无形资产，它所包含的价值、个性、品质等特征，都能给产品带来重要的价值。即使同样质量的产品，因为贴上了不同的品牌标识，价格上也会有天壤之别。再次，形象塑造功能。品牌是企业塑造形象、知名度和美誉度的基石，在产品同质化的今天，赋予企业个性、文化等许多特殊的意义。最后，降低成本的功能。我们知道赢得一个新客户所花的成本是很大的，而好的品牌则可以通过与顾客间的沟通，使其成为自己的忠诚客户，这可以有效降低宣传和新产品开发的成本。

鉴于这么多的好处，企业都想做出好的品牌。但有人说做品牌代价太大，做好品牌就是用钱砸广告。像山东的秦池酒厂不就是花几千万元，砸出个中

央电视台的标王出来，一步登天成为名牌吗？这样想就大错特错了，广告砸出来的只是知名度。品牌是消费者长期信任，甚至影响人们生活方式的选择，品牌是口碑相传的。品牌的"品"就是口碑相传的意思，而"牌"则需要产品要有品位、有文化内涵，绝不是广告砸出来的。

在条件不成熟的时候，广告不但不能给你的品牌塑造带来积极效果，反而会带来消极影响。广告只会让成本越来越高，高到客户买不起。很多人误以为广告就等于品牌，很多名牌都在电视台最好的时段播出广告，但是广告会增加成本。我们为什么会做广告？是因为你的产品什么都很好，也知道客户非常需要，只是客户不知道在哪里找到你。害怕"酒香也怕巷子深"，这个时候做广告是有用的。但是如果客户在哪里都不知道，客户要不要你的产品都不知道，打广告唯一的作用是打出知名度。就像山东秦池酒厂一样，知名度是有了，而且很有名，可谓是家喻户晓。别人也想买它们的产品，但是买不到。因为它们把钱都花在广告上，销售渠道很不完善，这个时候知名度就显得毫无意义。再者，在没有明确谁是客户，你能给客户带来什么独特价值的时候，没有可持续的质量、团队、文化，广告也毫无意义，它只会给你带来知名度。仅有知名度带来的往往只是增加成本，而不是效益。而这个成本一定会转嫁到客户头上，客户没有必要也没有责任为看你的广告而付钱。凭什么因为你有知名度，我就买你的产品？更何况客户还有更多更好的选择。

好的品牌不是自己说的，更不是忽悠出来的。好品牌最大的特点就是与其他品牌有差异，与众不同，或质量上乘，或功能先进，或工艺独特，或设计精巧，或服务周到。这些特征决定了品牌不是说出来的，而是自我呈现出来的，也就是需要企业扎扎实实地干出来的。好的品牌是一种社会的认知，要通过产品和服务的质量让消费者认可，从而才能形成品牌忠诚。做品牌是需要时间的，品牌是要有品位和口碑相传的，品牌中蕴涵的是文化和精神。

对旅馆来说，旅馆的好品牌是靠服务来实现的。正像美国著名饭店老板斯塔特勒所说："旅馆只有一件东西可以出售，这件东西就是服务。提供坏服务的旅馆就是坏旅馆，就是具有坏品牌的旅馆。提供好服务的旅馆就是好旅馆，就是有好品牌的旅馆。这很简单。"实践证明，一个好的品牌是不可能一蹴而就的，需要长时间持续不断地努力才可能实现。而破坏一个好的品牌，比造就一个好的品牌要容易得多。无论是对旅馆来说，还是对旅游产品来说，创造一个好的品牌，都需要坚持不懈的努力，认认真真地去做。除此之外，似乎没有其他捷径可走。

那么品牌是怎么打造的呢？

刚才我们谈到，大凡好品牌都有一定的特色。而产品或服务差异性，主要来源于产品或服务的主体价值差异和附加价值差异。新品牌产品刚进入市场时，几乎不能获得附加价值差异，而只能依赖主体价值差异生存。

主体价值差异，主要体现在产品质量差异上，通过产品的使用功能和生产工艺反映出来。放眼望去，世界上久盛不衰的品牌，无一不是以过硬的质量称雄市场的。也就是说，名牌产品必须在工作性能、可靠性、耐用性、易维修和操作简便等方面，具有很强的竞争优势。

卓越的产品质量对于卓越品牌的成功，无疑是至关重要的。要实现顾客满意，获得差别化的竞争优势，就必须在核心产品之外提供更多价值。一个完整的品牌，在市场上的根本意义在于赋予产品最大限度的附加值，从而给顾客提供一个最有力的消费理由。

顾客最有力的消费理由，就是打造品牌需要重视的顾客价值。笔者的良师益友、被称为"策划界的外星人"、《一度战略》的作者华红兵曾经指出："顾客价值不等于产品（服务）价值，而是远远超过产品价值，是核心产品、附加的价值（精神与情感价值）的总和。"通俗地讲，我们买 LV 的衣服，绝不是它耐穿和防风保暖，更重要的是其带给我们的美观享受，还有身份的象征。

　　事实证明，产品的附加价值也就是别的享受对于品牌的贡献，远远大于包括产品质量在内的主体价值。从本质上说，产品是满足顾客欲望和需要，提供顾客效用和价值的解决方案。所以，打造著名品牌的第一个策略就是提高产品的质量，赋予品牌更多的特色，增加产品的附加价值，满足顾客不断升级的价值需求。

# 第二章 让品牌自己说话，才能真正打造好的品牌

## 第一节 你应该知道的品牌打造误区

### 一、策划重于一切，不接地气

要想在战场上取胜，必须有一个懂兵法、善用兵的将帅来调兵遣将。要想在商场中取胜，需要善于实施品牌战略，要有懂得品牌策划的企业家运筹帷幄，科学操作。品牌策划是企业以品牌战略取胜的法宝。一份精彩的策划，能使一个企业由寻常变得非凡，由弱小变得强大。纵观今日商界，企业无一不重视和应用策划。例如，日本企业界高呼"经营力即策划力"，美国工商界成立了"策划协会"，中国港台地区企业家也形成了"无策划就无企业"的共识。在中国大陆，策划也为企业导演出一幕幕有声有色的好戏。"健力宝"、"太阳神"、"亚细亚"、"娃哈哈"，这些品牌无一不是策划的杰作。然

而，许多企业在实施品牌战略过程中遭遇滑铁卢，首当其冲应该检讨的无疑就是策划的失败。

然而策划为什么不容易实施？主要是我们对策划的看法出现了问题。很多人对品牌策划普遍存在这样的观点，认为品牌建设无所不能。很多企业老板刚刚见到策划人，就要求策划人立即拿出一套精彩纷呈的策划案。认为策划就是你想一两个点子或者好的创意，然后就能立即把企业的品牌做起来，立刻就能给他的企业带来利润。而不知道策划是在充分掌握企业实态和市场状况基础上做出的分析、判断和推论过程。不知道策划首先是一种思想，其次才是一种方案，最后用系统的科学的商业语言，进行描述和表达的一种工作方法。

很多策划人为了获得某种利益而立即写出精彩的策划案。企业老板不是要看策划方案吗？这个很简单，一拍脑袋的事情，策划人可以把他们的策划吹嘘得天花乱坠。这种策划也相对比较简单，我们称之为"事后策划"，策划解决的就是"产品出来了，怎么让它进入市场"，或者"产品市场状况不好，如何给予改善"这一类问题。总而言之，就是在既成事实的前提下，让策划人为老板想办法出主意。这样做的结果只能是修修补补，起不到大的作用。还有一种现象是对策划盲目崇拜，看到别的企业因为一次策划而走向兴旺发达，就认为策划具有"点石成金"的魅力。也不管产品质量多么糟糕，也不管消费者是否认同，只是一厢情愿地认为，请策划人"策划策划"，企业一定可以起死回生，"钱"途辉煌。当然，企业老板有这样的认识，和策划人的吹嘘误导也不无关系。

品牌策划重于一切，这显然是一个错误的认识。笔者在《全程九论》里有过这样的描述：品牌策划的本质，就是企业战略实施的具体方法，是产品出厂前、服务面市时首要且必要的工作。笔者认为，"谋定而后动"对竞争尤为激烈的中小企业极其重要，它能让企业少走很多弯路，避免过多无谓的牺牲。现在的企业最输不起的是时间，所以，企业要想树立自己的品牌，先要做的不是策划，而是谋定而后动。先要对自己的企业状况和产品情况等有一个正确的认识。随后在科学准确的市场调查后，就会发现，产品卖得不好并不一定都是因为没有品牌宣传的基础和包装。或许企业顶层设计、战略规划和产品定位这些问题也相当模糊，所以直接影响到企业的产销量。这个时候，我们再请策划人过来，先让他们通过调查研究，判断品牌的目标人群定位是否模糊。进而经过充分的论证和分析，调整品牌定位。将品牌的目标人群定位清晰后，才涉及真正的策划，使用区隔、差异化等手段定位品牌。并针对品牌形象差、概念模糊等问题，调整企业的品牌战略，并着重开展一系列的策划工作。

## 二、重理念忽略产品本身

汽车市场上的奥迪、奔驰、宝马，计算机市场上的联想、戴尔，通信市场上的苹果、三星，餐饮市场上的肯德基、麦当劳，都是公认的成功品牌，那么这些品牌为什么会成功呢？成功的品牌其因素都是相似的，而失败的品牌确是各有各的原因。那么，品牌打造的成功要素到底有哪些呢？

一个成功品牌是由很多因素决定的，概括起来包括外界因素和内部因素两大部分。外界的因素如社会环境、市场环境、法律环境、文化环境、道德环境等。这些外界因素往往不容易控制，我们也只能尽力适应。相对而言，内部因素就容易控制得多。所以我们要想自己的品牌成功，必须要掌握这些内在因素。我们只有认真把握这些要素，认真分析研究企业实况，找出哪些自己企业的薄弱环节，然后采取具体措施不断加强和弥补，这样才能使品牌在市场上强者恒强。但是很多企业并没有看到这一点，仅仅在品牌的广告和策划方面下工夫、做文章，这样只是缘木求鱼，到头来还是一场空，那才是企业的悲哀。当然这里并不是说品牌的广告和策划不重要，而是说应该在练好内功的基础上，广告和策划才能发挥作用。因此，品牌管理者必须明白品牌成功的要素，特别是内在要素。所以企业实施品牌战略，在竞争性市场上做强势品牌，先要具备企业的内部要素，也就是产品的质量保证。我们一谈到品牌战略与管理问题，往往都把它理解为品牌形象策划和市场定位、品牌的广告宣传，甚至把品牌简单归结为市场营销的范围。这就是一个误区。

秦池酒厂在国内制造巨大的"标王"效益后，为何只是昙花一现？其中原因很多，但有一点是人们的共识：有了知名度，缺少美誉度。通过策划和铺天盖地的广告宣传迅速提升自己的知名度，市场占有率也迅速提升，但在与强势品牌的角逐中却很快败下阵来，其根本原因就是重视理念而忽视产品本身，而产品本身则恰恰是能给企业带来美誉度的必备条件。如果把品牌比作一个人的话，品牌的知名度和品牌的美誉度则是两条腿，当第一条腿迈出去之后，第二条腿如果不能很快跟上去，品牌是走不动的，甚至还会摔倒。所以，我们提倡不但要看重理念，更要看重产品本身。换句话说，当一个企业具备较高的知名度后，下一个目标就是要充实品牌内涵，提升品牌的美誉度。

一是优秀的设计质量。韩国的三星电器如今在全球都享有极高的美誉度，可以与世界名牌苹果相媲美。谁能想到这个 10 年前还名不见经传的韩国品牌，今天却能取得这么大的成功呢？10 年前，三星董事长在全球发动了一场设计革命，全面转换企业的经营战略，一改依靠技术来推出新产品的传统，转而注重优秀的设计。现在，它们生产的都是具有先进设计水平的产品，三星品牌形象及三星品牌美誉度的极大提升，就是品牌设计理念最好的结晶。

美国哈佛商学院著名教授海斯曾经说过："昨天各公司在价格上竞争，今天在质量上竞争，明天将在设计上竞争。"现在，设计竞争的时代已经到来了。一个品牌要想得到广大消费者的认可和称赞，没有优秀的产品，只依靠广告和媒体的大肆吹捧是不行的。

如果先利用广告打开市场，企业的知名度增加了，这种广泛的知名度再加上优秀的、令消费者心动的产品，这样的企业品牌想做不起来都难。

二是不断对产品进行改良更新。新产品在上市之初不可避免地都有一些问题，特别是一些高新技术的产品。以 PC 为例，差不多每 3～6 个月就会实现一次技术升级。技术变革的速度如此之快，以致对任何一家 PC 生产厂家来说，都不可能等到确保产品没有任何缺憾时再推向市场。这就造成了一种现象，消费者在使用过程中肯定会发现产品有很多不足，需要企业不断地进行改良和更新。如果企业不能及时对产品进行改良更新，一方面会引起原有客户的不满；另一方面由于产品落后于竞争对手，也会在吸引新客户的竞争中落败。

三是确保产品品质稳定。海尔、长虹之所以有很高的美誉度，关键是产品拥有可靠的产品质量。没有产品质量，就没有产品的美誉度；没有产品质量，品牌的美誉度就成为无源之水、无本之木，不堪一击。市场上保健品行业非常短命，而且近年来保健品的美誉度也不是很好，就是因为不少保健品企业通常都是在强势广告的拉动下，迅速扩大市场销量，但是销售膨胀的压力，却让产品品质得不到保证，虽然利用消费者盲目跟风的心理小赚了一笔，却因产品没有给消费者带来价值感，弃之而去的人日渐增多，等到企业清醒过来，已经悔之晚矣。

四是提供优质的售后服务。售后服务是产品质量的延伸，也是产品美誉度的重要方面。特别是在当下激烈的市场竞争和相对过剩的经济条件下，谁能拥有优质的售后服务，谁就有了战胜对手的法宝。

海尔公司充分认识到，在产品性能、功能、质量大体接近的情况下，谁能搞好售后服务，谁就可能赢得良好的美誉度。为此，海尔公司在售后服务方面动了很多脑筋，想了很多办法。例如，维修人员上门维修时，统一穿着有海尔公司标识的工作服；进门前，穿上自备的鞋套；拆卸的零件放在专用垫布上；维修完成后，还为客户建立用户台账，并请用户签名确认。海尔的星级服务在为海尔赢得巨大市场份额的同时，也为海尔品牌赢得了巨大的品牌美誉度。

### 三、命名的误区

人们常常把名称看作是一个识别不同品牌的符号，只要易读易记就行了，其他的都是次要的。其实，对名称的重要性绝不要作如是观。

但凡世界知名品牌，都有一个非凡的名字。例如，世界著名的香水品牌命名通常都是诸如"女人味"、"巴黎之夜"、"少女的梦"、"一生的爱"之类，这样的名称已经融进了女人的梦想和期待，带着无法抗拒的力量对女性心理产生强大的诱惑，进而转化为对市场的冲击力。但是，综观国内品牌，许多企业远远没有领会这一道理。接下来剖析企业在品牌命名上的一些问题。

一是品牌的命名过分追求时尚化。中国有一句老话："凡事怎么开始，它就会怎么结束。"这是什么意思呢？坐火箭升空的，多数都掉入海里，这还是最好的方式；从跑道上滑行起飞的，基本都能安全着陆。

从我们的角度看，无论是蒙牛、伊利还是娃哈哈、牵手，它们推出的诸多品牌都是非常优秀的。而且从总体上看，国内广告界的创意水准也是相当高的，国外品牌也没有它们更新奇、华丽。尤其是牵手的"这样紫啊"、娃哈哈的"哈喽 C"广告拍得非常深入人心，其传递信息、树立形象、建立知名度的功能，已经实现得非常完美了。那么，为什么这些产品没能像"可口可乐"、"百事可乐"那样，成为具有价值的品牌呢？

问题肯定不在广告上，自然也不在渠道上，问题主要在品牌的命名上。刚才引用了中国的那句老话，就是为了说明这个问题。我们很多品牌的命名，都普遍采用典型的时尚化命名的方式，但这也是一种典型的快餐化命名方式。"这样紫啊"、"哈喽 C"、"啤儿茶爽"，这些名称都是非常时尚的品牌名称。而时尚的东西，有一个重要的特点就是像烟花一样，虽然很漂亮，但是很容易昙花一现。当你不清楚自己的产品是否有长远潜质的时候，一定要在产品的命名上避免这种陷阱，尽量给自己的产品取一个生命周期长的名称，取一个在人群中、在市场上驻留时间尽可能长的名字。

二是盲目的追崇洋名。除了这种以时尚命名的品牌之外，目前还有一种现象，就是过度追求"洋名"。例如，皮鞋品牌"达芙妮"、"戴安娜"、"芭芭拉"，化妆品品牌"蒙妮坦"、"雅黛"、"梦丹娜"、"罗丽丝"，压力锅品牌"苏泊尔"，冰箱品牌"东方齐洛瓦"，就连火腿也取名为"得利斯"，听到这些名字，不知道的还以为是国外的产品呢。感觉虽然似乎洋气一点，但是它们却为此丢掉了与受众心理中的民族文化的交流。我们刚才反复讲到，做品牌需要洞察受众的心理，然后才能有一个很好的回应。但是这些不知道是什么意思的名称，何谈回应呢？

我们再看一下国外的知名品牌，它们为了打入中国市场，汉译名称都具有很好的中国文化韵味，如饮料有"可口可乐"、"百事可乐"、"七喜"、"雪碧"，手表有"精工"、"雷达"、"梅花"，轿车有"奔驰"、"宝马"、"凌志"，洗发水有"飘柔"、"海飞丝"、"花王"等。这些经营者能够在中国市场上取得成功，和它们的品牌命名是分不开的。

看来我们很多企业的做法是非常愚蠢的，外国品牌都来学我们，还去

"崇洋媚外"，这种"假洋鬼子"的行为自然会被唾弃。中国古老的文化中有无数精华等待我们去开发挖掘，只要采撷其中一二，企业就会受用无穷。比如无锡太湖针织制衣总厂生产的"红豆"衬衣，之所以能在市场竞争中脱颖而出，与其采用使人们倍感亲切的"红豆"命名是分不开的。王维的五言绝句"红豆生南国，春来发几枝，愿君多采撷，此物最相思"传颂大江南北，红豆二字颇能勾起人们的相思之情，以"红豆"命名与消费者的心理是一种很好的契合，自然会得到消费者的垂青。由此可见商标命名中的民族文化魅力，也正好印证了那句名言——越是民族的就越是世界的。

三是不可一世的霸气横行。国人有一个劣根性，就是做什么事情都想称王称霸。当然做企业也是一样，他们把商场看成是一个没有硝烟的战场，不是你死就是我活，成者王侯败者为寇。所以他们在为品牌命名的时候，就想先在气势上压倒对手，例如"小霸王"、"力霸皇"、"浴霸"等。专卖稳压器的商场，就命名为"稳皇"、"稳帝"。像这样普遍缺乏个性的命名，容易扰乱消费者的心理，影响品牌形象的建立。品牌名称要具有亲和力，然后才能吸引人。

而像"娃哈哈"、"太太口服液"、"爱妻号"洗衣机等，则是比较成功的品牌名称，其成功之处正是它们努力营造出的亲切氛围。这些名称除了能够通俗、准确地暗示出消费对象外，最关键的则是将一种祝愿、一种希望、一种消费的情感效应作为名称的核心，同时也是该品牌市场竞争的出发点。尽管这些品牌的成功取决于多种因素，但与其拥有一个好名称肯定不无关系。

四是怪味的粗俗字眼。有些企业在给品牌取名时，为了猎奇，专拣一些怪、粗、俗、丑的字眼，似乎只有这样命名才能吸引消费者的眼球。其中以湖南槟榔行业的产品名称为甚，例如"咯咽味"槟榔、"王八蛋"保健食品、"塔玛地"餐厅等。更为可恶的是，某儿童食品居然取名"小两口"，其广告语是"你一口，我一口，酸酸甜甜小两口"，画面上男童女童亲亲热热，大有早熟之意。另一儿童食品则取名"老大"，电视上男童大声说"吃了老大当老大"。试想一下，如此恶俗地做儿童食品，甚至涉嫌坑害儿童，怎么可能得到消费者的认可呢？

就连以前人们耳熟能详的品牌，竟然也加入了这个行列。例如"南方黑芝麻糊"，据说因为现在"扫黄打黑"的大局势，为了使自己的品牌"深入人心"，将原品牌改名为"黑五类"。就连"南方儿童食品厂"，也改成了"黑五类食品厂"。"黑五类"这种引起人们痛苦联想的名字，真的能吸引人们的眼球吗？难道真的对企业形象没有负面影响吗？这么好的品牌取个这么恶俗的名字，实在令人惋惜。

在现代市场经济条件下，商品日益丰沛，同类产品日益丰富，而且新产品层出不穷，企业要脱颖而出，寻找一些新鲜的字眼给品牌取名是可以理解的。但是，那些使用不雅名称的企业虽然达到了"新"、"奇"、"与众不同"、"好记"的目的，但是它的危害性也不得不考虑。如果企业还看不到它的严重性，这里倒是有一个很好的例子。"塔玛地"餐厅开业后不到几个月，即在消费者的骂声中关门停业，这种结局或许值得此类赶"时髦"者深思。

与此相反，国外一些著名企业为得到一个称心如意的名称，甚至不惜兴师动众、慎之又慎、精益求精的做法，倒是给我们诸多启发，美国标准石油公司就是一个最好的例子。该公司为了给其品牌取个好名称，曾聘请了心理学、统计学、美学、语言学、社会学、经济学等方面的专家，历时3年，花费将近1亿美元。它们调查了55个国家的语言，研究了一般消费者的心理与感情，最后利用计算机制作了约1万个名称，再经过专家分析淘汰后剩下8个。然后用100种以上的语言进行搜索，以确保没有跟别的品牌重复。之后又走访了7000多人，查阅了1.5万个电话指南，才决定用"埃克森"（EXX-

ON）这个名字。该名易于拼写、记忆，最后，标准石油公司正式更名为埃克森公司，其产品也用"埃克森"为注册商标名称。

这种魄力与精细的用心，值得每一个想把品牌做好的企业学习。当然，或许我们不可能投入这么多的精力和成本，但是像以上列举的一些误区，则应该坚决避免。我们可以选择一个能引起美好联想的品牌名称，去攻占顾客的心，这一点非常重要。这里有一个比较好的实例，加勒比海有一小岛，原名叫猪岛，也许就因为这个名字，尽管风景优美、空气新鲜，但它一直默默无闻。直到后来改了名字，叫做快乐岛，一下成了人人向往的旅游胜地。所以，奉劝那些自作聪明的企业家和策划人，及早醒悟，三思而行，切莫机关算尽，反误了企业性命。例如，笔者的公司取名为"全程品牌营销策划"，很多策划大师到湖南讲课推销他们的公司时都会说一句话，"把你们企业的问题交给我们，我们全程解决"，弄得笔者经常接到问询电话，问"×××是不是我们全程公司的人？"每一个走进全程公司的企业家，看到公司名称后都对我们的公司产生一种莫名的信任感，这也是品牌的一种影响力。

## 四、传播途径的误区

一是缺乏整体的媒体策略。品牌传播离不开广告，广告又离不开媒体，也就是离不开传播途径。但是传播途径那么多，这里面肯定涉及取舍的问题，不过很多企业都认识不到这一点。它们认为，产品要让人们知道就应该采用电视媒体，因为覆盖面大，可以不断地对消费者进行狂轰滥炸，宣传目的自然而然就达到了。又因为大企业拥有雄厚的资金，只有它们才能做这样的广告，而我们没有这样的资金优势，所以根本无法宣传。显然，这是一种认识上的误区。还有的企业不知道如何取舍，今天在这个报纸上做一个整版，明天在那个杂志上做一个专栏，完全掉进了"游击战"的陷阱之中，其广告宣传效果自然也不会太好。

这些问题的出现，是因为我们没有一个整体的媒体策略，所以无法通过合理的媒体组合，将信息全面传导给目标受众，以感动、说服目标消费者来购买产品。

在媒体的选择上，实际上我们要看到它们各自的特点，长处在哪里，短处又在哪里。就拿电视媒体来说，虽然价格昂贵，但是覆盖面广，而且有文字、有画面，能给受众一个很好的记忆点，是树立形象的媒体；报纸广告，虽然保存的时间不长，但是却非常适用于具体的促销活动；户外广告一般信息量比较小，给人一目了然的感觉。由于各种媒体各有特点，在采用媒体宣传时，我们只有对其进行合理的组合，并且不断地进行创新，才可以达到四两拨千斤的效果。例如，我们在为某医药企业做媒体组合时，别出心裁地开展了送"福"闹新春活动，有针对性地对家庭派送带有广告的"福"字对联、挂历等，这些家庭都将其整齐地挂在墙上，这无形之中做了宣传。

二是重信息覆盖率，轻信息体验性和匹配性。虽然每个企业都在高喊"一切以消费者为中心"的口号，但是在现实中，企业还是一直站在自身的角度考虑问题。例如，一直把信息传播的覆盖率作为衡量信息传播载体的唯一指标，就是片面追求品牌知名度的表现。这也是电视、杂志、报纸、网络等媒体备受青睐的根本原因。

信息传播的覆盖率是指信息载体的发行量、发行区域和受众数量，这主要是站在企业的角度制定品牌传播策略。要想真正地"一切以消费者为中心"，就要重视信息传播的体验性和匹配性。体验性和匹配性是指企业本身的传播信息和信息载体的吻合度、体验和可感知性，主要是站在消费者的立场制定更加贴切的品牌传播策略。

在现实的品牌传播过程中，企业往往忽略了信息载体、受众、传播模式等要素的微妙变化，只知道产品已经由当初的卖方市场变为今天的买方市场。在买方市场的今天，消费受众不仅要求信息的输入，更期望信息的感知和体验。单纯地注重信息覆盖率的传播策略，是典型的将强制信息通过牵强的信息载体向消费者进行主观的灌输，这种强制性的传播模式或策略，在传播信息呈几何数字增长的今天，其影响力已日见式微。这种强制性的传播策略，表现的是信息固化、缺乏有效的联想、缺乏体验和生动性。对于这种信息的录入，受众基本是过目就忘，谈不上记忆，更谈不上口碑传播了。所以，这种强制灌输置受众的接受阅读心理于不顾，必定会大大降低受众对信息的接受度和记忆力，引发受众对信息的抵触心理。

公交拉手是一个新兴的小载体，一直不被企业重视。平安保险公司就很好地利用了这个载体，收到了极好的联想效应，同时有效地增加了信息的感知性、匹配性和现场体验性。其制作的宣传语是"拉得更紧、更平安"，首先，大大增强了顾客对信息的记忆度。其次，当消费者进行信息录入、联想时，就进入了一个现场信息体验的过程，这样可以有效加深顾客印象，增加顾客对品牌的深层次认识。

## 第二节 产品、服务，品牌打造的真正能核

### 一、产品的定位与品牌打造

"产品定位"这个概念是艾·里斯（Al Ries）和杰克·特劳特（Jack-

Trout）在 1972 年为《广告时代》杂志撰写的文章中首次提出的，1981 年两位又出版了《定位》一书。然而，定位并不是指产品本身，而是指产品在潜在消费者心目中的印象，即产品在消费者心目中的地位。换句话说，定位是企业对预期顾客要做的事情。要在预期顾客的头脑里给产品定位，是指公司为建立一种适合消费者心目中特定地位的产品，所采行的战略规划、产品策略及营销组合等活动。从上述概括中可以看出，定位的本质是"心理占位"，是对顾客心理的运作，即向顾客传播一种有关品牌的事情或观念，使这种观念被他们认同和接受，在他们的心目中占有一个独特的位置，也就是说，让消费者对品牌形成一个独特的印象和信念。笔者在《全程九论》中对以上定义做了进一步的诠释：定位就是找到顾客对每一种产品或服务的功能、利益、情感、价值观的浅显的或潜在的需求，代替消费者说出来并提供合适的产品和服务来满足他们的需求。

例如，笔者曾经为河南澎涛怀药集团策划一款新的产品，取名叫"达人豆爽"，目标人群定位于城市达人、时尚人群，产品价格高于同类产品近一倍。广告诉求为"那些年，我们一起喝的味道"，准确地把握住了追求新奇、崇尚个性的年轻人的情感和价值观需求，代替他们说出他们想要表达的生活方式，取得了空前的成功，投产当年，产品供不应求，就需增加生产线。

产品定位的成功也就是品牌打造的成功。例如，我们在车站、码头等地看到"奔驰"、"宝马"汽车的广告时，我们就会想到"高档的"、"豪华的"，这就说明"奔驰"、"宝马"产品定位的成功，也就是品牌打造的成功。这样，企业的产品在消费者心目中就建立了特殊的形象，在细分市场上就能吸引更多的消费者。

2003 年，一种由中草药熬制、具有清热祛湿等功效的"药茶"，突然成为央视广告的常客，销售一片红火，这便是现在市面上经常见到的"王老吉"。起初"王老吉"并不愿意以"凉茶"进行推广，因为那样会失掉一大批消费人群，进而限制其销量。但作为"饮料"推广，与其他的饮料产品相比没有竞争优势，因此在广告宣传上也不得不模棱两可。

针对这一系列问题，"王老吉"不得不对产品进行再次定位。它们经过研究其他"传统凉茶"的宣传形式，发现它们基本都是对症下药式的负面诉求。于是，首次从这一点进行区别，在广告宣传时，以红色王老吉轻松、欢快、健康的形象出现，强调正面宣传。为了与其他"饮料品牌"区别开来，确定了定位的关键词是"传承、扬弃、突破、创新。"然后，王老吉制定了推广的新主题——"怕上火，喝王老吉"。一个企业的产品，要想拥有更强的生命力、更高的市场溢价能力，就一定要与众不同，只有有了差异性才能形成区隔，才能让竞争者无从跟随。品牌的打造就是要找到与其他产品的差异点，以抢占在顾客心中的地位。"王老吉"这次的产品定位无疑是成功的，从而寻找到了一个有价值的特殊阶梯。至于后来与"加多宝"的官司之争，则属于品牌另外一个层面的问题，用老百姓的话说，属于"狗咬狗一嘴毛"的愚蠢之举，白白地背了个"背信弃义"的恶名，也属于千古奇冤，这是后话。

既然产品定位的成功是品牌打造成功的关键所在，那么该如何对产品进行定位呢？产品定位先要明确目标消费群，对消费群要有一个明确的界定和描述。要弄清楚消费者购买行为的主要原因是什么。

一般来说，产品的定位可以分成五个方面，即目标市场定位、产品需求定位、产品测试定位、差异化价值点定位以及营销组合定位。

（1）目标市场定位。在市场分化的今天，任何一家公司和任何一种产品的目标顾客都不可能是所有人。选择目标顾客的过程，需要通过对目标市场的调查，了解目标市场的竞争者，市场可提供何种特色产品给顾客，顾客实际上需要什么属性的产品等。笔者接受湖南"翻天娃"食品的策划时，就针对其之前目标人群定位宽泛的问题进行重新定位，将"翻天娃"系列产品消费群定位于 6～15 岁的青少年，从品牌诉求到包装重新设计、整合传播，再到终端市场表现，紧紧围绕目标市场和目标人群，进行了一系列的品牌价值塑造，使市场占有率和品牌知名度得到了明显的改观，2013 年销量实现了50% 的增长。

（2）产品需求定位。产品需求定位就是对目标市场、目标顾客的需求进行定位。不同的顾客对产品有着不同的需求，顾客购买产品是为了获取某种产品的价值。所以，不是根据产品的类别确定，也不是根据消费者的表面特性来确定，而是根据顾客的需求价值来确定。

（3）营销组合定位。企业先要审视哪些营销手段可以控制，再搭配这些营销手段，使其更加科学有效。

（4）差异化价值点定位。差异化价值的主要对象是竞争对手，品牌的打造就是寻找与竞争对手的差异化，通过对其研究提供有特色的产品定位。

（5）产品测试定位。产品测试定位的主要方法是通过对不同产品的展示，了解消费者对产品的喜好，从而找出产品的优点和缺点，再对自身产品进行改良；还可以考察同类产品的定位情况，进而进行定位。

由于激烈的市场竞争，企业在市场中树立自己的形象、建立自己的产品定位并非易事。所以，企业必须针对竞争状况、需求状况和自身条件，制定有效的产品定位策略。怎样进行产品定位才能满足于品牌打造呢？一般来说，企业常采用的产品定位策略主要有以下三种：

一是"针锋相对式"定位。这是一种与竞争对手"对着干"的定位方式。这种定位是把自己与竞争对手放在相同的位置上，或者模仿它们的定位，力争同样定位，进而从其他方面超越，争取更大的市场和消费人群。当然这种定位的企业一定要能比竞争对手生产出更好的产品，同时这个市场要有较大的容量，而且自己比竞争对手有更多的资源和实力。

二是"另辟蹊径式"定位。采用"另辟蹊径式"定位，是面对比较有实力的企业，不具备"对着干"的实力时所采用的定位。当企业意识到本身无力与竞争对手相抗衡从而获得竞争优势时，可根据自身的条件谋求相对竞争优势，即突出自己的特色，在产品的某些方面取得优势，就像"王老吉"凉茶的差异化定位方式。"另辟蹊径式"定位的核心原理，就是寻找产品或品牌支撑体系的差异化。笔者在给安徽荣达集团做品牌策划时，面对鸡蛋市场鱼龙混杂、无差异化的市场竞争格局时，用独特的"七优绿链"价值链突出"特种乌骨鸡蛋"，进行差异化品牌定位，一举奠定鸡蛋行业的"三分天下"。

三是"填补空缺式"定位。填补空缺，先要做的就是寻找这个空缺，空缺表现为尚未被占领，但为许多消费者所重视的定位内容。这种定位策略面对的情况有两种：一是某些潜在市场还没有被别的企业发现，本企业可以捷足先登；二是许多企业已经发现了某些潜在市场，但无力去占领，这需要本企业具有足够的实力。

## 二、服务的定位与品牌打造

在全球经济一体化的大趋势下，仅仅有品牌定位和产品定位还是远远不够的，所以现代的企业要想做大做强，要想做出自己的品牌，就需要越来越重视自己的服务。企业只有想尽办法使自己的服务在行业内独具特色，使之成为提升企业产品价值不可或缺的一部分，才能吸引更多的顾客，赢得更广阔的市场。例如，为什么海尔集团能在竞争激烈的家电行业求生存、求发展，除了其产品的质量有保障之外，其周到、全面的服务也是不可或缺的。例如，售后服务不但非常及时，同时服务人员穿统一的服装，佩戴相应的证件，而且在进入顾客家中时，都戴上手套、鞋套。海尔集团就是凭借这点最终走向全世界的。

随着行业的发展，企业间的竞争日益激烈，企业的服务应逐渐形成与企业的品牌定位和产品定位相吻合的服务特色，使顾客除了认商标、认标识、对每家门店那一声声毫无感情的"您好！欢迎光临！"的麻木外，能够从导购亲切、诚恳的问候及服务中辨认出企业品牌。

20 世纪 90 年代以后，服务的定位对企业的重要意义表现得更为明显。由于市场竞争的加剧，消费者被广告信息的汪洋大海所淹没，消费者要区别不同的企业所提供的服务变得日益复杂、困难。服务定位的战略意义就在这里，应该被我们每一个企业所认识。因为，它给不可触及的服务增加了一个实实在在的框架，让无形的服务放在相对有形的参比框架中，以便与其竞争者区别。

服务的定位能力与企业的差别化之间存在着密切的联系。服务的定位为差别化提供机会，也就是说，每个企业及其服务产品通过定位在顾客心目中都占据一定的位置，形成一定的形象，从而影响消费者的购买决定。

中国香港的金融业非常发达，占中国香港总产业的 1/4。在这个弹丸之地，各类银行达几千家，可谓竞争激烈。汇丰银行开始进驻香港金融业的时候，分行最多，实力最雄厚，可是发展得并不好。20 世纪 90 年代以后，为了拉近与顾客的情感距离，汇丰银行重新进行了服务定位，将口号改为"患难与共，伴你成长"，旨在与顾客建立同舟共济、共谋发展的亲密朋友关系。如此一来，使其一跃成为香港最大的银行。恒生银行也看到了这一点，于是把自己重新定位为充满人情味的服务态度最佳的银行。

当然，汇丰银行和恒生银行的服务定位还没有很细化。重新定位充满了朋友关系，到底是何种朋友关系就不是很明确。在这一点上，法国的一些香水企业就做得比较好，有的企业力争与顾客建立闺蜜关系。在闺蜜之前谈美容、谈情感，是每一个年轻女子都有过的感受，而且随着年龄的增大，这种感受一去不复返了，它们就希望让你能够重温这种感受。对这种重温做得最好的，是迪斯尼乐园。迪斯尼乐园不只是孩子们的乐园，大人一样能在这里寻找到快乐。前段时间有一则新闻：一个孩子身高不够不能玩迪斯尼乐园里的一项游戏，于是迪斯尼的工作人员就与这个孩子定下五年之约，等他长大了可以来玩。当然那个孩子没有拿这张票去玩，而是把它当作一段美好经历的纪念。当他现在初为人父，带着自己的孩子再来到迪斯尼乐园，该是另外一种感受吧！这就是迪斯尼乐园的服务定位——孩子们的小伙伴。作为闺蜜、小伙伴，这种与顾客的情感交流，应该更能吸引顾客。

### 三、目标市场、消费者的定位

瑞士雀巢公司是一家家喻户晓的大型食品跨国公司，它们研制了速溶咖啡。本以为便利的速溶咖啡，能够很快地抢占市场份额，于是信心满满地投向了国际市场，可是没想到在国际市场备受冷遇。

雀巢公司也不知道问题到底出在哪里，马上开展了规模宏大、计划周密的市场调研。最后发现以下几个问题：

一是购买能力方面，欧美和日本这些经济发达地区，因为收入比较高，再加上有饮咖啡的习惯，所以购买力比较强，其中挪威和瑞典等北欧国家的购买力最强，但是它们比较热衷于粉末状的咖啡。而英国和日本因为有饮茶的习惯，购买力又稍微弱一点。

二是在这些需求量较大的地区，因为之前的咖啡都是需要烹煮的，喝这些不用烹煮的咖啡则是懒惰的表现，而且有点像快餐，缺少那一份情趣。

三是由于是新型产品，所以速溶咖啡的口味还比较单一。因为美国人都喜欢"崇尚自然，发展个性"，所以他们要求清淡、味香，不要苦的；而意大利和德国的消费者恰恰相反，他们喜欢喝"黑咖啡"，要求带有苦味的；英国和日本的消费者则较喜欢"加奶"、"加糖"的咖啡。

四是在饮食时尚方面，西方发达国家又兴起"素食运动"，要求提供不会使人发胖的饮料和食物。

综合以上调研结果，总算找到了速溶咖啡不容易出售的原因。于是根据目标市场和消费者的正确定位，抓住了目标人群的真正所求，最后把雀巢咖啡配制出不同口味、不同包装的速溶咖啡，这样才打开局面，受到市场欢迎。

在这里我们需要引出一个概念，那就是目标市场。目标市场是指产品的最终消费对象，可以分为主要目标市场和次要目标市场。主要目标市场就是重点使用者，次要目标市场是指企业的次要消费群或者潜在消费群。像雀巢咖啡采用全球普遍撒网的目标市场，显然是大错特错的。可以将欧美市场作为主要目标，巩固以挪威、瑞典为中心的北欧重点目标市场，而英国和日本可以作为次要目标市场和潜在目标市场来开发。只有做好目标市场、消费者定位，才能取得销售的成功。

当然，对于目标消费者的选定，我们除了对它们的特点进行调研外，更重要的是目标消费者的清晰化。有人把目标消费者比喻成品牌营销活动的靶子：靶子太大，目标就会很宽泛，定了等于没定；靶子太小，目标人群太小众，就实现不了生意的目标；靶子不容易理解，无法用比较具体的特征去界定，就无法"捕获"，其结果等于老虎吃天，不知从哪里下口！

以下是某品牌女装的目标消费者定位："年龄在 28～35 岁。接受多元的文化熏陶，既有传统东方淑女的修养，又有现代精致生活的体验，能够欣赏东西方文化的融合之美，喜欢社交、热爱生活、充满自信、具有独特的个性、追求经济独立、情感丰富，还有铿锵有力的生活哲理；相信衣服可以表达爱意，使自己看起来年轻，但又不失稳重、优雅。"

乍一看去，还是比较生动，好像一则寻找配偶的广告语，似乎很清晰，其实很模糊。从这100多字当中，我们也只能读出年龄在28～35岁，其他却一概不知。试想一下，根据这样的定位，寻找一个这样的人都很困难，更何况是寻找这样一个群体，这不能不说是定位的失败。

而可口可乐的消费者定位就十分清晰。开始的定位是，5岁以上的人群都可以是它的消费者，核心人群定位在12～22岁的学生。随着可口可乐的推广，现在的目标消费者开始增加了25～50岁的家庭主妇。如此细化的消费人群，不论是产品定位还是品牌定位都会非常准确。

如果把整个市场上的消费者看成一个大圆的话，那么适合本品牌产品或服务的目标消费者就是靠近圆心的一部分，这就是我们的总体目标人群，例如，可口可乐的5岁以上人群。这样的人群，他们有共同的需求和偏好，也有易于界定和辨别的特征，方便识别和沟通。正在圆心的那部分，是那些有最高消费潜力的消费人群，我们称为核心用户。核心用户为生意成长贡献主要力量。就是可口可乐公司定位的12～22岁的学生以及后来的25～50岁的家庭主妇。其他部分就属于潜在消费人群，就像潜在目标市场一样。

消费者定位不是为定位而定位，最终还是要用于聚焦目标人群，指导品牌营销活动，从而做到"好钢用在刀刃上"，从而更好地用于品牌管理工作。具体表现在以下几个方面：

第一，用于指导产品线规划。产品线规划，是为了全面满足目标消费者的需求而对所生产产品的规划，从而实现生意的规模化。既然是为了目标消费者进行的产品线规划，那么产品线规划的前提就应该是准确的目标消费者界定，否则就无从规划。通过从产品线的宽度（在目标消费者范围内，根据不同人群需求，提供不同品种的产品）、深度（根据不同的渠道特征、使用习惯等，提供不同的品目和规格）、高度（根据品种的不同价值，界定不同的档次）三个维度进行规划，最终形成满足总体目标人群需求的各个产品系列。

第二，用于指导包装策略。包装对于产品也很重要，产品的质量再好，如果没有好的包装，也会给人劣质的感觉。包装使用哪些颜色、色系，使用什么图案、文案，设计成什么样的风格，体现什么样的调性，都取决于目标消费者的需求和偏好。

例如，男性喜欢冒险，富有征服他人的野心，女性则比较娴淑、安静，因此，在包装图形的表现形式上，男性比较喜欢科幻性、说明性、新视觉的表现形式，而女性就偏向于感情需求，喜欢美好、具象的表现形式。不同年龄阶段的人，对包装图形的偏好差异也很大。12 岁以下为儿童，他们对于认图倾向于主观意识，例如对卡通式的人物、半具象的图形以及那些富有动感、情趣的图形极为喜爱，因为符合儿童单纯天真的心理特点。11～16 岁为青春发育期，这个时段的青少年充满个性，富有幻想性、模仿性，喜爱偶像式、梦幻式及较有风格表现的包装图。人在学习过程中，教育不但改变了人的观念、气质，也改变了对知识的判断标准。由于受教育程度的不同，对于包装表现形式的喜好也有极大的差异。学历较高的人，较易接受抽象图形；受教育较少的人，比较喜欢容易分辨的写实具象图形。

第三，用于制定传播策略。"明知道有一半的费用浪费了，却不知道哪一半"，这是我们广告传播的低效率决定的。花费了很多，但是没有击中消费目标人群，而且传播的途径也不明晰，因为不知道采用什么样的传播方式让其更容易接受。目标人群定位就能达到这一点，因为知道这群人的需求、价值观、生活方式和媒体习惯。目标消费者界定得越精准，他们的需求、价值观、生活方式、媒体习惯掌握得越到位，传播的效率会越高（当然还有部分效率取决于创意）。一般来说，核心目标用户是传播的主要对象，除此之外的其他总体目标用户，则是传播的影响对象，区分好这一点是为了确保传播的聚焦和强度。

第四，用于指导终端推广。市场终端推广分为两大类，一类是以扩大用户基数为目的的试用活动，另一类是以忠诚度成为目的的促销。但是市场终端推广，也就是活动影响到的，必须是目标消费者，否则就是传错了情，表错了意，浪费了资源。以新产品、新品牌上市之初的终端派送活动为例，活动的目的是通过免费派送，让潜在的目标消费者免费消费产品，从而获得试用体验，并借机转化为目标消费者。精准的目标消费者定位，将直接指导终端推广活动的目标人群选择、活动地点确定、培训推广人员与目标人群交流等。

## 第三节　让品牌自己说话的实质：
## 产品与消费者的连接点

### 一、只有市场、消费者认可的品牌才是好品牌

中国古代有这么一句话，得民心者得天下，失民心者失天下。消费者对于企业品牌来说，就好比民心对于统治者一样。如何获得民心，也就是如何

得到消费者的认可，才是企业能否拥有品牌的关键。企业之所以生产产品、提供服务，是因为市场有需求。什么是市场？市场也可以说是消费者。企业只有满足市场和消费者的需求，并不断超越市场和消费者的需求，才能真正在市场和消费者中间树立一块牌子。当企业不遵守这样的规则盲目生产时，生产出来的产品就不能满足消费者的需求，就会被消费者所抛弃，更谈不上什么品牌了。

所以，品牌只有深入人心，方能立于不败之地。例如，当我们一提到迪斯尼，人们就会想到欢乐、刺激；一提到可口可乐，总是与快乐、温馨伴随；一提到海尔，人们想到的是人性化的优质服务；一提到佳洁士，总是能感觉到强力清洁的功效。品牌不仅仅是一个名称、一个商标，更是富有含义的内容集合。当这个集合触动人心，让人认可并记忆深刻的时候，品牌的形象也就确立了。

前面我们反复对品牌进行定义，那么到底什么才是品牌呢？其实，并不仅仅是那些高价的、高端的才叫品牌。拿肯德基来说，其连锁店遍及全球100多个国家，享誉全球，销售额大得惊人，难道还能说那些价位高的、只有富人才能消费得起的才叫品牌吗？品牌不光是性价比，也不单纯指高端产品或者奢侈品，品牌衡量的唯一标准应该是在消费者心目中的地位和认可度。当我们买了一件商品时，我们应该得到一种信赖感和愿意为此去支付这个价值，从而带来一种安全感！

英国著名品牌维珍在英国让人振聋发聩，知名度达到96%，它涉及的行业包括航空、铁路、金融、音乐、婚纱、影剧院、可乐等。但是它锁定的目标很单一，就是一些另类、反叛的年轻人。它的品牌定义是高质、低价、滑稽、时尚。维珍为什么能如此成功？因为它始终从顾客的角度出发，它所提供的每一件产品，不论是铁路还是航空，不论是音乐还是婚纱，都符合它的企业品牌定位——高质、低价、滑稽、时尚。它迎合了消费者个性化的需求，吸引了消费倾向相似的"另类、反叛"的年轻人，从而成为年轻人心目中的"品牌领先者"。

综上所述，企业形象好，可以增加公众尤其是一些潜在客户对企业的好感和认知程度，进而购买产品和服务。也可以说，市场、消费者认可的品牌才是好品牌。那么，如何才能获得市场、消费者的认可呢？

一是让产品先说服消费者。一个产品想得到市场和消费者的认可，先要做的是，让品牌说话、让专家说话、让许多人说话。当这几种情况都没有发生，产品所定的价格又比较高，那么市场、消费者就很难消除对产品品质的心理障碍，也就不会让人信服你的产品。这个时候我们要做的就是，让我们的产品自己说话。就是当消费者体验你的产品的时候，第一时间抓住顾客，让产品质量说服他们。

二是广告宣传说服目标人群。要想使自己的品牌得到消费者的认可，先要让他们了解你的品牌，了解你的产品，这个时候广告宣传是十分必要的。当然也不是说广告宣传得好，就会让消费者感受到品牌的好，"金玉其外，败絮其中"绝对要不得。广告宣传要求企业站在消费者的角度去想，想得越周到，对消费者越方便，消费者也就越喜欢。

三是最适合的就是最好的。消费者对产品的认可有多种因素，有的是产品品质，有的是产品包装，有的是产品款式，有的是产品价格，有的是产品品牌，有的是产品服务，有的是产品技术。如果要选择唯一答案，那么，最适合的就是最好的。所谓"最适合"，就是靠消费者自己的体验。要求我们产品的设计应当从顾客的角度考虑，不只是从个人或者美观角度考虑，而忘记了产品本身的实用价值。

为了达到这样的目的，很多企业会让消费者来参与产品的设计活动，让他们知道设计人员是按照消费者的需求在改进设计。产品出来之后，又先让消费者试用，以便再提意见，直到消费者很满意为止。

现在消费者的购买也越来越个性化，不仅仅要求使用价值，更注重一种享受的价值。所以企业要想得到市场、消费者的认可就越来越难，但是如果你站在消费者的角度来考虑一切，那么企业就一定能赢得消费者的心。

四是在沟通的过程中完成体验。让顾客体验自己的产品是一个复杂的过程，这需要感觉，继而需要在沟通中识别，最后引发消费者的思考、联想，然后得出判断。

有人可能认为这几个动作不可能在一个时间段完成，其实有一个很好的载体就能实现体验营销，那就是营销博客，它是思考、联想、体验、沟通的最好载体。消费者在这里倾诉，同时又影响观看的人。观看的人有疑问，又可以和倾诉者对话。体验在讨论中得出结论，同时完成传播。

现在流行的营销微信是营销微博的升级版，使用起来更加方便，交流沟通也更加便捷，这也是微信大行其道的根本原因。

五是企业的员工也要有正确、清晰的经营理念。如果企业的员工对树立企业形象的作用和意义认识不清或者认识不深，那么企业在打造被市场、消费者认可的品牌上，也难以取得理想的效果。例如，一个企业标榜自己的经营理念是"服务至上，质量第一"，但消费者在实际接触中却发现，企业的员工不礼貌、不亲切，顾客对企业的投诉也没能及时解决，产品质量也不是特别突出，售后服务也差，那么这个企业无论做出多么大的宣传，也是于事无补的。

因此要想得到市场、消费者的认可，就必须先从企业内部员工的教育开始抓起，让每个人都认同企业的经营理念和价值观，同时还要有一套管理制度来确保经营理念能贯彻到企业每时每刻的活动中，才能达到这一目的。

六是把零售终端看作一个行之有效的媒体。很多人认为记录这种体验和沟通，进而影响其他消费者，应该是媒体的功能，目前能够实现这种媒体功能的有电视、报纸、杂志、网络等。有一种提法很新鲜，认为零售终端也是一个行之有效的媒体。零售终端本来是一个争议多的地方，这种争议产生的最主要原因是缺少体验和沟通，难道说顾客的口碑相传不是在零售终端的作用下达成的吗？难道说零售终端不属于企业产品服务的一部分吗？企业要想赢得人心，必然注重对零售终端这一方面的潜能进行不断的开发。

总之，随着人们整体消费水平的提高以及市场竞争机制的逐渐规范，低价格和概念炒作等已经不再是抢占市场份额的最好利器，品质和服务才是赢得消费者的制胜法宝。

## 二、好品牌并非策划、宣传出来的，而在于消费者的传播

"口碑"一词在《辞海》中是这样解释的："口是指众人口头上的称颂，碑，石碑，这里指记功颂德的碑，如口碑载道"；《五灯会元》卷十七，"劝君不用携顽石，路上行人口似碑"。在我国传统文化中，我们参见上面的意思，口碑有两种解释：一种是口头传播，即借助人与人之间的口口相传；另一种是记功颂德，社会公众对某产品或服务，长期的统一的好评。

口碑是历史悠久的营销工具之一，是消费者及其家庭最重要的信息源之一。特别是在中国，很早以前就有"酒香不怕巷子深"，"一传十、十传百"之说。同仁堂、天津狗不理包子的成功案例实实在在地告诉我们，口碑在消费者的最终购买决策中发挥着重要的作用，有时候甚至比其他一些促销手段更加有效。广播、电视、报纸这些大媒体确实能实现大范围的传播，有助于产品被认知和接受。但是在现实生活中，例如买车，中国老百姓买车是一件

大事，应该深思熟虑。这个时候广告宣传就显得苍白无力，我们对于正在考虑的产品，需要征求亲戚朋友的意见和建议。所以我们认为，在实际的购买决策过程中，消费者更信赖口碑。

零点调查公司就曾经对北京、上海、广州、南京、成都、武汉、西安、沈阳、郑州和大连十大城市的 4851 位 18～60 岁的普通居民，进行过一项关于口碑传播的专项调查。调查结果显示，39.5% 的受访者日常经常会和别人交流关于"购买及使用商品的经验"，尤其是一些年纪偏大的消费者，这个比例仅次于经常交流社会热点问题（50.7%）、子女教育问题（44.5%）以及生活小常识（41.1%）的人群比例。在商品购买决策过程中担当重要角色的女性以及 35 岁以下的年轻人当中，互相交流"购买及使用商品的经验"的比例更高。这显示了口碑传播在消费者信息搜寻过程及企业商品信息传播中，所起到的作用是巨大的。

"口碑传播"不同于"口碑"，"口碑传播"更侧重于传播的形式和过程。"口碑传播"一词来源于传播学，应用于营销学，关于它的定义可以说是众说纷纭。20 世纪 80 年代以前的研究中，学者普遍采用的定义，认为口碑传播是传播者和接收者之间的口头的、人对人的交流，并且不含有商业目的。学者普遍认为，口碑传播首先是一种面对面的口头沟通形式。其次，口碑的发送者和接收者不是企业的营销人员。最后，口碑的内容与企业产品、品牌或形象等有关，能够辅助消费者做出购买决策。同时，口碑传播并不一定需要以品牌、产品或服务为中心，也可以以某个组织为中心。但是进入新经济时代，似乎口碑传播更加广阔一些，这有赖于通信技术的高速发展。人们除了口头交流以外，还有其他交流方式，所以口碑的传播方式也变得多种多样，不一定都是面对面的、直接的、口头的交流。而且交流的内容也不再是稍纵即逝，如一些网上论坛等。所以现在的口碑传播应该定义为消费者之间的关于企业产品、品牌、服务或信息等内容的，会导致消费者态度改变，甚至会影响其购买行为的个人看法、评论或意见的一种传播。

当然由于这个时候的口碑传播不是人与人、面对面的口头交流，就会出现传播者身份的模糊性，很多企业会借用消费者的身份与真正的消费者进行交流，这也是一种营销手段。

口碑传播对营销的影响是巨大的，那么它对产品的销售有哪些作用呢？

一是口碑传播对促销的影响。当口碑信息和促销信息之间存在矛盾的时候，也就是当这两种信息交织在一起同时对顾客造成沟通效应时，广告及其他促销就会失去影响或只有一点微小的影响。也就是说，如果口碑不好，那么像广告活动、直接沟通、推销类型等的效率就会降低。如果口碑交流中的消极信息过多，对公司形象的危害也是十分严重的。相反，积极的口碑则减少了利用广告和推销，进行营销沟通的庞大预算的需求，也有利于获得大部分新业务。

口碑与前面讲过的品牌的作用有异曲同工之妙。当企业在推出新产品或者服务的时候，往往需要采用系列广告进行宣传。如果企业之前的口碑就不错，那么开拓新领域必然会很容易取得成功。Svenska Handelsbanken 是瑞典大的银行之一，从 20 世纪 70 年代开始就采用这样一种沟通战略，效果非常好，银行的利润水平大大超过了同行业。

总之，坏的口碑会使顾客敬而远之，好的口碑则会使顾客以更积极的态度配合外部沟通努力。所以，企业一定要注重口碑建设，这样不但能够获得顾客，而且可以大大降低宣传支出，可以说是一举多得的好事。

二是口碑传播的蝴蝶效应。"好事不出门，坏事传千里"，是中国的一句俗语，它正说明了口碑传播的蝴蝶效应。什么是蝴蝶效应？就像相互影响的乘数效应，这个乘数值一般是 3~30 的任何数字。传播的时候，坏口碑要比好口碑的传播乘数值大得多，也就是坏口碑传播的速度更快。例如，一位顾客经历了一次不愉快的购物，那么他不但会取消自己以后在此的消费，而且他还会告诉 12 个人不要到这个地方消费，而且被他告诉的那 12 个人，一般情况下也会取消到这个地方消费的打算。好口碑的乘数值虽然可能会少一点，没这么高，但是"一传十、十传百"，时间久了就自然而然吸引顾客前来消费。因此营销人员必须记住，千万不要把口碑当儿戏！而是要让它在各种情况下都能为自己所用，都能为自己服务。

三是开发口碑参考渠道建立业务。在实际的销售过程中，不论是销售人员还是服务人员，都会经常鼓励消费者把自己的产品或者服务推荐给他的亲朋好友。例如，养生保健机构通常要求满意的客户介绍朋友和熟人，随后对他们的介绍表示感谢，赠送一些优惠券之类的东西。在这种情况下，一般介绍人都会乐意去做，因为他可以在该服务提供人和他的亲戚朋友之间得到好处，前提当然是你的服务和产品必须得过硬才行。介绍人一般可能获得三点好处：首先，介绍人在帮助了客户或朋友后感觉良好。其次，客户或朋友可能会与介绍人更加接近。最后，介绍人可能从服务提供者处获得实际利益。所以当你为客户提供产品和服务时，一定要鼓励他们介绍，而且要制定相应的感谢政策，例如，回报介绍人以服务和小礼品，或者给他介绍的人以优惠。当然，最好的受益方还是服务提供者。

综上所述，消费者的传播有诸多优点，不但不需要太多的投资，而且宣传迅速，还可以对电视、广播、报纸的传播起到很好的辅助作用。

## 三、品牌的打造，就是寻找与满足消费者的需求

品牌是抽象的，是消费者对产品一切感受的总和，贯注于消费者的情绪、

认知、态度及行为，品牌是产品与消费者之间的认可关系。如何进行品牌打造？先是发展"忠诚客户"，就是尽快、有意识地发展或寻找一批忠诚客户，并使这批客户不断扩大，这是占领市场的关键。发展客户之后，我们要做的就是想办法留住并增加顾客。这就需要充分满足顾客的需求，我们要做的就是要让新顾客第一次就满意，再把第一次的顾客转变为重要顾客。还有一点第二节也提到了，就是鼓励自己的忠实客户进行口碑传播，寻找更多的顾客。有人做过调查，说明获取一个新顾客的成本，是让一个老顾客满意的成本的6倍。可见要想打造自己的品牌，就要不断地发展新客户。新客户的开发有赖于老客户的协助，那就需要提供高质量的产品和服务让老客户满意，这样才能达成共识。所以我们认为，品牌的打造就是寻找和满足客户的需要。这是一个不断发展的过程，客户开发和维护是同一时间进行的。

派克公司是世界上最著名的制笔企业，派克笔朴实但充满贵族气质，一度成为使用者身份的象征，尽管定价很高，但是仍然很畅销。

乔布斯有这样一段名言："绝大多数电脑公司都投入了大量的金钱和物力用于创新，可是那些都不能算是创新，那充其量算是技术开发。"对于乔布斯来说，技术只是一方面，战胜对手不能只看技术是否先进，更重要的是通过研究客户的需求来决定产品的创新。因为消费者的需求决定着企业品牌的打造，而我们的企业只要投其所好，满足消费者的这一需求，自然能够获得"民心"，进而成功打造自己的品牌。

很多公司总是从自己的主观愿望出发，按自己的想象去生产产品，不考虑消费者的实际消费需求，不考虑消费者的购买心理需求，最后带来的自然是失败的结局，最典型的例子莫过于派克公司。正是派克公司总经理彼得森的一次营销决策，断送了这个制笔王国。他认为派克公司应该集中力量于低档笔市场，为此花费1500万美元建造了一家全自动的制笔工厂，生产量很大。每个产品售价都在 3 美元以下，很便宜，但是消费者却对这个不感兴趣，以前派克笔的使用者也纷纷离去。为什么会出现这样的情况呢？因为派克笔是高贵和典雅的象征，产品功能的享受大大小于心理的享受。现在派克笔大大降价，这种高贵和典雅的象征已不复存在。而使用钢笔书写，还不如用圆珠笔和铅笔方便呢。这一错误的决策，因为未能了解和满足顾客真正的心理需求，最后导致一败涂地。

遇到这样的挫折，派克公司也只能重走高档路线，对顾客的需求投其所好，方能有挽回的余地。而在这一点上，生力啤酒做得就很成功。

1948 年生力啤酒开始打入中国香港市场，当时市场上有 10 多个啤酒品牌，可谓是竞争激烈。生力啤酒并没有被这个局势吓退，它们开始寻找消费者需求。经过详细的市场调查，它们发现岭南人真正的口味需求是"淡"，而且非常注重它的"新鲜度"。于是在以后的一系列营销活动中，生力啤酒的配方和广告宣传都强调这两个方面。还自称为"番鬼佬凉茶"，以间接暗示消费者生力啤酒有清凉散热的作用，从而准确地抓住消费者的心，在消费者心目中树立起自己独特的形象。

既然寻找和满足消费者需求对品牌的打造具有如此重要的作用，那么该怎么做才能投其所好呢？

一是经过调研，研究消费者需求，并注意发现潜在的消费需求。这就要求对消费者进行剖析，这是一个多方面的过程，比较复杂，包括心理状态、生活习惯、产品使用频率等，下面利用具体的事例进行说明。很多做酵母的企业都眼盯着如何改进发酵技术，但是市场是很有限的。于是，有的商家就对酵母的消费者进行研究，发现很多人都想享受那种自己动手做蛋糕、点心的家庭情趣和创意感，所以酵母的需求很大。虽然很多人都愿意这样做，但是他们又不愿意自己动手和面。只是在提高酵母的技术上下工夫，就起不到太大的作用。于是有的酵母加工企业就用自己的酵母加工成"酵面",然后出售发酵完毕并用五颜六色的包装纸筒包装的"酵面",自然很受欢迎。这不但促进了酵母的销量,更重要的是促进了"酵面"的销量。买回去只需加入果仁、糖,就能做成自己喜欢的蛋糕和点心,消费者自然是趋之若鹜。这个事例告诉我们,一定要研究你的消费者,并不断地挖掘他们潜在的消费需求,这样自己的品牌打造自然就能成功。

二是尽力满足顾客的特殊需要,设计出有针对性的商品。研究消费者以后,还要针对不同客户的特殊需求,设计出针对他们的商品。例如,学生听课用的扶手椅,很多"左撇子"的学生用起来就不是很方便,所以就很难激发他们的购买欲望。虽然"左撇子"学生只是少数人,但是如果不想失去这部分消费者,就应该设计适合他们的可专门在左侧扶手板上记笔记的扶手椅,这样自然可以挽回这部分消费者。再如欧洲人对咖啡情有独钟,但是由于留着大胡子的人喝起来不是很方便,就可以设计专门为这类人准备的咖啡杯。这种杯子的杯口有半边是封闭的,只留一个小口,另外半边则敞开,以便倒入咖啡。这样,留大胡子的消费者就可以从开有小口的半封闭的一侧喝咖啡,而不再担心沾湿嘴边的大胡子了。

随着消费水平的提高,商品已不是简单的"使用价值",而成了消费者自我表现的道具和手段。因而企业在投其所好时,不能忽略消费者心理上的需求。如SCM公司设计的电熨斗,只不过比一般的电熨斗多个指示灯,成本增加不到1元,但市场价格却比一般熨斗贵10元,造成"最高级熨斗"和"我用的是最高档熨斗"的形象,给那些认为自己"高人一等"的消费者以心理满足感。

# 第三章　定位——品牌自驱力，
## 让品牌说话的种子

## 第一节　为什么苹果手机卖得如此火

有人春运时排队买回家的火车票，有人排队买刘德华、张学友、周杰伦、王菲的演唱会门票，有人排队买奥运会、世博会的门票——这样的排队是很平常的事，不足为奇，因为这些都是稀缺资源。但是假如排队去买一样东西，而且这个东西和其他同类产品差别又不是特别明显，还贵得惊人，但还是有很多人疯了似的去排队等候，那你肯定觉得这群人疯了！是的，这群人就是"爱疯"的粉丝，这样不可思议的事情就发生在"苹果"身上。

有人做过计算，全球股市所有公司市值的总和只相当于 77 个苹果公司。苹果公司凭借 6211.53 亿美元的市值，超过了微软、谷歌、惠普、戴尔、Facebook 这 5 家美国知名科技公司市值的总和。出货量不足全球智能手机的 10%，却占据了全球智能手机 43% 的销售额和 77% 的利润，这无疑是一个神话。尽管苹果手机的价格比其他智能手机的价格高出将近一倍，但它一如既往地火暴销售，似乎依然热度不减。一个3.5寸的手机，居然在世界范围内拥有如此多的拥趸，笔者认为，苹果的风行是由很多股力量凝聚而成的合力，也是多种元素混合而成的"化学反应"。

## 一、产品创新驱动消费

技术创新是企业发展的动力源泉，对于手机生产商来说更是如此。尤其是由于现在手机产品的同质化现象，产品的创新已成为手机生产商抢占市场的筹码之一，"诺基亚"就曾经创造了一年之内推出30种手机型号的纪录。但是，苹果公司对于产品创新却有自己独特的见解。很多公司的创新理念就是升级、改良现有市场上的产品，但苹果公司坚信消费者需要更好的产品，我们却不能给出更好的产品。因此，苹果公司的创新之路就在于寻找消费者头脑中的空白，即通过新颖独特的产品体验来刺激消费者产生新需求，从而创造出新的消费市场，这是苹果的硬实力。用过苹果的朋友都觉得它的界面设计人性化，拍摄效果出众，操作系统流畅，屏幕表现细腻，这些都构成了苹果手机良好的用户体验。毫无疑问，这是苹果手机得以流行最重要的原因，没有这项技术，其他就无从谈起。

苹果手机成功的最根本原因，就是拥有这种"驱动消费"的能力。对于企业而言，要想做到"驱动式"产品创新，其创新理念必须先被企业本身消化吸收，被企业员工认可，最终才能谈得上被消费者接受。苹果公司以创新为主的企业文化、富于创意的研发理念以及充满科技元素的品牌形象，使得苹果公司具备了关键优势。只有这样才能使得从事新产品研发的员工有一个明确的目标，让他们知道什么样的产品才能真正吸引消费者，这成了苹果手机研发的内在市场导向机制。换句话说，就是苹果给自己的产品以很好的市场定位，然后寻找并满足消费者的需求。事实上，苹果手机的创新甚至大大超过消费者的需求，这就使得消费者不但自己购买，还会推荐其他有更高需求的人购买。这样就形成了很好的联动作用，加快了苹果手机抢占市场的步伐。

## 二、苹果手机良好的口碑

苹果公司在研发苹果的时候就定位了一个特殊而且庞大的人群，那就是演艺明星和社会精英人士。他们在使用苹果手机的时候，也把自己身上的明星光环折射到他所用的苹果手机上。演艺明星、社会名流和精英人士使用苹果手机的示范效应是巨大而且深远的，他们才是苹果手机真正的形象代言人。我们可以说，乔布斯是一个高明的心理学家。现在大家买手机，使用价值是其次，其他附着价值，例如身份的象征才是主要的。苹果手机就是满足一些人小小的虚荣心，当然这也是人之常情，无可厚非。同时，这也与苹果手机良好的品质有着密切的关系，因为它够艺术、够品位、够时尚，所以那些演艺明星、社会精英才会争相购买，对其夸奖而不惜言辞。

不只是一些演艺明星和精英人士，还有一个人群对苹果手机口碑传播起到了决定性的作用。营销学著作《消费者都是不公平的》提出一种观点：部分忠诚的高端客户，才是品牌终端价值的发动机。这个理论，无疑在苹果手机销售上体现得尤为明显。苹果手机就有这样一大批而且有较大购买力的拥趸，他们有一个专属称号"Apple－Fan"（苹果迷）。2013 年 iPhone5s 发售的第一天，众多"苹果迷"在位于纽约曼哈顿的苹果公司旗舰店门口提前十几个小时开始排队，其对苹果品牌的热衷可见一斑。这类"苹果迷"的存在，首先，保证了"苹果"高居不下的销售量。其次，他们的好口碑使得苹果手机的知名度迅速传播，有力地宣传了苹果独特、新颖、富于创造力的品牌文化。

## 三、定位准确清晰，营销手段高明

与"诺基亚"一年推出 30 款手机型号相比，苹果公司四年只推出 4 款手机，苹果公司的更新速度似乎慢很多。而其价格坚挺、品种单一的特点，与主流手机运营商对于手机"价格优势、型号齐全"的营销策略显然背道而驰。但是，"诺基亚"占有全球 32% 的市场份额，却只收获全球手机市场 15% 的利润，而苹果手机以 4% 的全球市场占有率，却能瓜分全球市场的 50% 的利润。手机更新速度的缓慢，让消费者感受到"产品不会过时"，从而保持稳定的价格；相对单一的品牌，暗示消费者"本产品性能已经是最优"；始终坚挺的价格，满足了消费者"质优价高"的心理；虽然这样的定位使得苹果公司失去了一定的低端客户，但是在高端市场如美国和日本，苹果手机的占有率却分别为 46% 和 50%。

根据产品的定位，苹果公司采用典型的营销策略。因为生产量较小，产品更新较慢，所以采用饥饿营销，这让很多"苹果迷"都要经过长期的等待。人似乎有这样一个心理：越是得不到，越是想得到。这种心理在"苹果迷"身上发挥得淋漓尽致。还有其高昂的定价，也彰显了质优所以价高的规律，这些都让大家渴盼拥有。

从上面列出的原因，大家对苹果手机为什么能卖得如此火，心中应该有了自己的概念。其中最主要的，是其建立了自己良好的品牌形象。苹果手机不仅是能打电话、玩游戏、刷微博的智能手机，代表着潮流、时尚，它还是一件精美绝伦的艺术品，拥有苹果手机就能使旁人大跌眼镜。正因为这样，苹果有了让无数消费者掏钱的理由。正因为这样，苹果具有了让无数人都想咬一口的迷人魅力。

## 第二节　大多数人缺的不是品牌意识，而是定位意识

在现代经济中，品牌是一种战略性资产和核心竞争力的重要源泉。对于任何企业来说，致力于打造强势品牌是保持战略领先性的关键。正如美国品牌专家拉里·莱特说的那样："未来是品牌的战争——品牌互争长短的竞争。商界和投资者都必须清楚一点，只有品牌才是公司最珍贵的资产。"他还认为："拥有市场比拥有工厂重要得多，而唯一拥有市场的途径是拥有具备市场优势的品牌。但是现在创立或保持品牌的工作，比任何时候都重要而又艰难。"他清楚地告诉了我们，品牌对于企业的重要性。事实上，我们的企业也有打造企业品牌的意识，但是在打造企业品牌的过程中会出现一些问题。下面，我们就来谈谈这些问题。

有关品牌的概念，前面已经作为重要的章节为大家讲解过，这里就不多说了。林恩·阿普将品牌定义为"我们经济中的原子核"，他认为一个品牌不只是它的"名称、标识和其他可展示的标记"，在更深刻的意义上，它包含与消费者的"契约"、对消费者的"承诺"和给予消费者的"信任"，这是一个很难把握的概念。前面我们说过，现在很多企业都具有企业品牌意识，那什么是企业品牌意识？难道只是企业想建立品牌这么简单吗？显然不是，企业品牌意识是指一个企业对品牌和品牌建设的基本理念，它是一个企业的

品牌价值观、品牌资源观、品牌权益观、品牌发展观、品牌战略观、品牌竞争观和品牌建设观的综合反映。引用林思·阿普的话说，就是一个企业应该非常清楚地知道"他的企业、他的产品和他所提供的服务，在市场、消费者中的影响力以及这种影响力所造成的认知度、忠诚度和联想度，并能够采取适当的战略将品牌融入消费者和潜在消费者的生活过程中。我们每个企业都要有这样的认识，这就是自己的品牌意识"。

但是，打造品牌是一个艰难的过程，其中企业品牌定位起着十分重要的作用。然而，很多企业并没有将品牌定位的重要性提到这个认识高度，因此，他们不愿意也不善于在此花费很大的精力和财力，在有一个初步的设想以后就仓促上马。殊不知，品牌定位是运用大量真实有效的数据、图表，对市场调研的结果进行量化和理性分析，根据拟定的目标品牌风格，推断出在一个特定条件下，一个即将推出或将要调整的品牌应该采取的战略和战术。因为对于品牌定位概念理解得过于笼统，往往把品牌定位局限在目标对象的年龄、职业、产品的价位上。其实品牌定位不局限于此，还要进一步细化，这也是市场细化的要求。例如，在同一年龄同一职业里，目标对象还有性别之分和爱好之分，这些因素足以促成他们对产品的购买倾向。不清楚这一点，很可能会造成以后的被动局面，也许要花数倍的精力和财力调整，并且极有可能延误商机，导致投资失败。

HN公司在中国浙江的海宁地区经营皮革服装，一度取得非常好的经济效益，而且还打造了自己的皮革服装品牌。公司为了扩大投资，选择了休闲女装作为突破口，打算在当年秋冬季便推向市场。它们说干就干，但是最后200多万元的投资没有收回，在皮革服装的市场也被抢占，真是赔了夫人又折兵。没办法，经营者只好请专家进行"会诊"。"会诊"得出的结论是，因为没有完整系统的品牌企划，导致了此次失败。由于HN公司主要做皮革服装，对于纺织面料所知甚少，也就没有很好的品牌定位意识，甚至没有做好品牌定位。设计师并不明确目标顾客到底是谁，以及跟他们有关的一系列问题，这样便使得设计失去了方向，品牌打不好当然也在情理之中了。

日本的化妆品企业——资生堂也犯过同样的错误。20 世纪 80 年代后，曾实行过一种不对顾客进行细分的营销策略，其经营者异想天开，想打造某种对所有顾客都适用的化妆品，计划实施不久就遭受重大挫折，导致市场份额下降。最后企业经营者只能重新对品牌定位，提出了"体贴不同岁月的脸"的口号，针对不同年龄阶段的女人分别推出不同品牌的化妆品。到 1992 年，资生堂以 3200 亿日元的年销售额，再次名列化妆品企业榜首。

既然企业品牌定位如此重要，我们的企业就一定要关注这一点。我们应该先认识到，消费者的需求就是企业所要寻找的市场。而不同的消费者具有不同的消费心理，不同的消费心理往往决定其不同的购买意向，再好的产品也不可能人人都喜欢，进而包揽所有的消费者。因此企业在研制开发新产品之前，就要确定好自己产品的市场定位，选准所要开发新产品的目标市场。然后有的放矢，将新品推向市场，进而占领市场。这样既可避开竞争对手，又能起到"投资少，见效快"的理想效果。

## 第三节　目标是成就一切的基础，定位就是确定目标

作为一个人，如果生活没有目标，就等于失去了行动的方向。目标就像是海上的灯塔，它照亮你的航道，你不会担心会突然碰到冰山，这样你才能

竭尽全力向前航行。目标就像自由运动的粒子——在物理实验中遇到的那个粒子，如果没有那个粒子，你就只能一直不断地运动下去，当然也不会有什么变化。生活要是没有了目标，就只能一成不变地延续着，我们就会迷失在茫茫的人海中，这还谈得上什么成就呢？所以我们说目标是成就一切的基础。

企业和人一样，也需要这样一个目标。企业要想发展，就需要建造一个企业战略规划目标。该如何确定目标？我们不得不提到一个概念，那就是定位。定位就是通过坐标来表示某个点的绝对位置，企业也要通过定位找准自己的绝对位置，回过头来引导我们企业内部的运营和产品的生产、销售。这样才能使得企业生产的产品和服务被顾客接受而转化为业绩。有人说定位决定地位，只有定位正确，企业才能创造最大价值，才能立足于日益激烈的市场竞争中。所以对企业来说，明确自身定位才是构造"大厦"的根基。

企业功能定位反映的是企业的方向与目标，它既包括在今后一定时期内要做的事，也包括企业在今后一定时期把事情做到什么程度的预计。任何企业的资源都是有限的，它只能生产一种或数种产品，而市场的需求却是多样的。任何企业都不可能为所有消费者提供有效服务，这种供应的少样性和需求的多样性，决定了企业市场定位的必然性。因此，企业必须科学定位，确定其在市场中的目标地位。

科学定位要求企业注意以下几个问题：

## 一、支撑企业的坐标轴

人们常说，利润决定一切，利润是企业发展的目标所在。实则不然。很多时候，成功的企业在为自身准确定位时，需要考虑的不仅仅是利润这么简单。企业的发展必须注重企业文化的建设，因为企业文化是企业的核心竞争力。

　　据一项对世界500强企业的调查研究表明，这些企业之所以出类拔萃，关键在于具有优秀的企业文化。以海尔为例，海尔核心竞争力的形成离不开海尔文化中各具特色的文化概念。例如，"要么不干，要干就争第一"的"第一"理念，"卖信誉而不是卖产品"的"信誉第一"理念，"创造市场"即创造一个专属于"我的创新"的市场理念，"用户总是对的"、"以客户需求为真理唯一标准"的理念，高质量产品是由高质量人造出来的"先选人后造产品"的理念，"精细化零缺陷"的"只有一等品，没有二、三等品"的最佳产品理念等。这一系列的理念，就是核心竞争力的理念形式——追求卓越的组成部分。支撑企业的发展还有另外一个重要因素，那就是战略管理。就是将企业的成长和发展纳入变化的环境之中，管理工作要以未来的环境变化趋势作为决策的基础。这就要求企业管理者重视对经营环境的研究，确定公司适合的经营领域或产品—市场领域，从而能更好地把握外部环境所提供的机会，增强企业经营活动对外部环境的适应性，从而使两者达成最佳的结合。企业文化与战略是企业发展的坐标轴，根据这两个坐标轴的定位，可以让企业的发展大方向不出现偏差。因此，企业在确定自身定位时，要先考虑这两个问题。

## 二、企业发展的空间有多大

　　人们在选择就业时，往往喜欢选择一个发展空间较大的企业，这样才有升职的可能。对于企业来说也是一样，企业的存在，依赖自身产品在市场中有多大的销售空间和前景。企业的发展与市场和前景成正比，目标市场发展空间越大，企业发展前景就越好，企业在市场中发展的概率就越大。即使目标市场上的竞争者较多，也会因目标市场的容量大、潜力大，总体上同行的排斥性就不明显。

当然，这里说的市场空间不只是指市场容量，它还包括市场本身是否有扩大的潜力。例如某个市场很大，但是它还可能慢慢缩小。而另外一个市场，例如现在流行的立体打印技术，虽然暂时市场小，但因为是高新技术产业，发展潜力必然巨大，市场在不久的将来很可能变大。同时，发展空间的大小与企业发展的可持续性也有着很大的关联性。因此，企业在定位市场时，一定要首选发展空间较大和发展潜力较大的市场。

笔者在为湖南60年的老品牌"楚仁堂"医药连锁公司做品牌策划和营销咨询的过程中就提出，习近平和李克强一定非常重视健康医疗的主要民生问题。但是医药连锁行业的发展越来越规范，利润率越来越低，已经进入以规模赢得利润的时代，而行业中的寡头基本形成，其他企业难以与之竞争。所以，应该寻找有发展空间更大、发展潜力更大的市场，例如，健康养生行业中药食同源养生的细分市场，进而果断而又巧妙地进行战略转型和市场升级。

## 三、企业优势是否明显

产品市场占有率的多少，与企业自身的竞争优势是分不开的，两者相互促进、相互匹配。企业竞争优势分为几个方面，首先是成本优势，这种优势使企业能提供比别人更低廉的产品或服务。例如，当一个市场中有大量对价格敏感的顾客群时，而且实现产品差别化的途径很少，购买者不重视品牌差别，喜欢讨价还价，这时，企业有这种优势就显得非常重要。价格低于竞争者，就能提高市场份额和销售额，将一些竞争者驱逐出市场。其次是增值优势，这种优势使企业能创造出更吸引人的产品或服务。这可以满足消费者选择那些使自己别具一格而又不同于其他竞争企业的产品和服务。再次是聚焦优势，这种优势使企业能更恰当地满足特定顾客群体的需求。又次是速度优势，这种优势使企业能比竞争对手更及时地满足顾客的需求。最后是机动优势，这种优势能够使企业比竞争对手更快地适应变化的需求。因此，企业还要认真分析自身的竞争优势。有效地定位，就是企业要找到能够发挥自身优势的市场，创造最大价值。

在这里不得不提及一个概念，就是差别化。我们打造品牌就需要打造出差别化，差别化是每一个企业都需要具有的竞争优势，差别化是企业产品市场优势的基本出发点。例如专一经营，就是在一个产业内狭窄的竞争范围里，进行选择为基础的经营方式。企业通过完善适合其目标市场的战略，在它并不拥有全面竞争优势的目标市场上谋求竞争优势。该战略有两种形式：着眼于在其目标市场上取得成本优势的，叫作成本专一经营；而着眼于取得差别化形象的，叫作差别化专一经营。

## 四、细分市场

不论实力多么强大，任何一个企业都不可能囊括市场中所有的消费者。在任何一个市场中，只要有两个以上的购买者，他们就会有消费需求的差异。市场细分就是把这些差异性提出来，进而划分不同的市场。具体措施是营销者通过市场调研，通过科学的数据、图表，依据客户或消费者的需要和欲望、购买行为和购买习惯等方面的差异，把某一产品的市场整体划分为若干消费群的市场分类过程。每一个消费群就是一个细分市场，每一个细分市场都是由具有类似需求倾向的消费者构成的群体。如果企业能够根据特定消费群体的需求，设计出独具特色的产品，建立差异化的竞争优势，就会获得巨大的成功。

不过，这种定位法则也不是一成不变的。企业应根据外部环境的变化，根据市场和消费者需求的变化，及时调整自己的目标市场，进行市场再定位。市场瞬息万变，只有充分了解和掌握市场需求的变化趋势，适时调整定位策略，随机应变，才能在激烈的市场竞争中胜出。

## 第四节　品牌定位的原则

### 一、企业内外资源的正确评估

品牌定位的最终目的在于让产品占领市场，为品牌的拥有者带来最佳经济效益。企业自身的资源是品牌定位的主要参照维度之一。无论是哪一种品牌定位，在执行的过程中都需要动用企业的资源。因此，品牌定位要充分考虑自身人力、物力、财力等内部资源条件，以及对本企业可以整合的外部资源有一个客观的分析，以优化配置、合理利用各种资源为宜。既不要造成资源闲置或浪费，也不要超越现有资源条件，追求过高的定位，最后陷入心有余而力不足的困境。如果一个企业将品牌定位于"技术创新，科技服务人类"，那么该企业就应该具备尖端的科学技术、一流的研发团队；如果定位于高档产品，就要有确保产品品质的能力；如果定位于国际化的品牌，那么就要有足以支撑全球化运作的资本实力，开拓全球市场的跨文化管理人员。

品牌定位要与现有的资源能力相匹配，既不能好高骛远，盲目抬高自己，也不能妄自菲薄，造成资源浪费。

百威啤酒一直定位于高档啤酒，成为"啤酒之王"，傲视群雄，四海独尊，当然这不是好高骛远，而是取决于其卓越的产品质量。百威啤酒采用了先进的德国啤酒酿造技术，使产品口味醇厚，口感滑爽，深受消费者的喜爱。传统的酿造工艺、先进的技术水平和严格的质量保证体系，保证了百威啤酒的高品质，无论在美国还是在中国，百威啤酒的口感都是一样清新、独特。

麦当劳是目前全球最大最成功的快餐连锁店。不论你走进国际大都市的麦当劳，还是二三线城市的麦当劳，你都会惊奇地发现，它们的建筑外观、内部陈设、食品规格和服务员的言谈举止、衣着服饰等都惊人地相似，无论在什么地方你都可以享受到同样标准的服务。而有些企业却做不到，就像服装专卖，同样的品牌在大城市的价格和在小城市的价格却不一样，而且大城市的服装是当下流行的，而小城市则都是过时的。那么为什么它们不能像麦当劳那样呢？因为它们没有麦当劳那样的全球化的经营管理水平，所以不可能做到这一点。

通过百威啤酒和麦当劳的案例可以发现，一个企业要对自己的品牌进行科学的定位，必须对自身的资源条件进行科学的评估。只要找到并利用好自己的这些优势，自然能在激烈的市场竞争中占据一席之地。

## 二、聚焦市场，分析同行业竞争对手

竞争者是影响品牌定位的重要因素，考虑竞争者就是为品牌定位找到一个参照物。在市场竞争十分激烈的情况下，几乎任何一个细分市场都存在一个或多个竞争者，未被开发的空间则越来越少。在这种情况下，品牌拥有者在进行品牌定位时，更应考虑到因与竞争者相区别而存在。定位理论的精髓，就是要突破陈规。通过创造性的定位，将自己与竞争对手彻底区分，从而制造差异，凸显竞争优势，以己之长攻彼之短。只有这样，才可能在目标顾客心目中形成独特的位置。墨守成规、人云亦云的定位，不可能在纷繁复杂的信息中别具一格、脱颖而出。跟进和模仿只会失去个性，失去消费者的信任，做得再好，至多也只会被消费者视为一个"超级模仿秀"。

例如，在百事可乐最初推向市场的时候，就是以挑战者身份使用"Me——Too（我也是）"策略。言下之意，你是"真正的可乐"，"我也是可乐"，无意之中在消费者心目中产生了模仿者的概念。可口可乐于是推出"只有'可口可乐'才是真正的可乐"战略，并进一步强化这一印象，同时凸显自己在竞争中不可动摇的霸主地位。它在提醒消费者，只有可口可乐才是真正的创始者，其他都是仿冒者，给百事可乐以迎头痛击。"七喜"知道竞争不过可口可乐和百事可乐，于是另辟蹊径，把自己当作是可乐之外的另一种选择。一方面避免了与可口可乐和百事可乐的直接交锋，另一方面非可乐的定位，使其在所有饮料中独树一帜，代表了所有可乐之外的饮料。

在补血保健品市场，红桃K因其"补血快"的定位，赢得了广大贫血人群的青睐，其产品补血迅速的特点尤其被广大农民、学生及病人所偏好。而近年来出现的另一补血保健品"血尔"，针对红桃K"补血快"的定位推出了"补血持久"的定位，而迅速被城市白领女性所认可。

富士胶卷定位于美丽鲜艳，柯达胶卷定位于图像清晰自然。富士的包装主色是绿色，而柯达则为黄色，绿色和黄色都极富感染力，能给人以丰富的联想。因此，品牌定位要突出个性，突出差异化的竞争优势，从而创造同类品牌中的"第一位置"，只有这样才能在消费者心中占据一席之地。因此，企业在进行品牌定位时，要突出自己的特色，营造自己品牌的优势，使自己的品牌有别于竞争者的品牌。

## 三、注重差异化，找到自我的核心资源

因为竞争者是影响到定位的重要因素，所以没有竞争的存在，定位也就失去了价值。品牌定位的本质就是塑造与竞争者品牌的差异性，因此，不论以何种方法、策略定位要始终考虑与竞争者的相对关系。随着新媒体不断涌现和广告的空前泛滥，消费者每天接触的信息难以计数，而消费者接收的信息是有限的，真正能进入其大脑的信息是极少数的。美国哈佛大学心理学家乔治·A. 米勒博士认为，人脑能够同时处理的不同的信息单元小于或等于七个。所以，进行品牌定位时，没有新的记忆点，就容易遭到消费者的忽视或排斥。面对潮水般涌来的信息，消费者往往会产生一种抵触、排斥心理，即使接受也很快被其他更新的信息所取代。

在同质化的时代，差异化成为企业制胜的法宝。如果品牌定位不能凸显品牌的差异性特征，甚至跟随其他品牌的特征描述，在众多竞争品牌中就无法区别于竞争对手。

我们需要塑造所在领域的第一名，或者是这个领域的最佳代表，但必须是第一个说出来的。例如，你开发了一种洗发水，你的定位是柔顺、去屑、修复，那么就和飘柔、海飞丝、潘婷没有多大的差别，就只能跟在它们的后面，你所做的宣传也成了模仿，自然不会得到消费者的信任。所以说，我们企业定位差异性时，一定要找到与其他品牌不同的地方，当然这里的不同就是竞争者的优势所在。品牌定位中的差异主要来自以下几方面：

（1）质量。本企业品牌质量是否比竞争对手更为优越，更经久耐用，能否做出保证。

（2）方便。本企业品牌使用是否更方便，更容易操作。

（3）舒适。接受品牌服务时，是否能让消费者获得更为舒适、愉悦的享受。

（4）美观。本企业品牌是否更能满足消费者追求时尚、追赶潮流或特别的审美要求。

（5）服务。本企业是否提供了更多的超越竞争对手的、完善的服务。

（6）价格。品牌的价格是否更优惠，是否像产品本身一样具有吸引力。

（7）利益。使用本企业品牌究竟能给消费者带来多少利益和好处。

总之，与竞争对手的差异越多，便掌握了越多的定位优势，品牌形象也会越突出。一个企业不可能在许多方面都体现出与对手的差异，有一项特别突出的同样能够取胜。

茅台酒之前的定位是"国酒茅台"，一直以政府特供、高端奢侈品著称。虽然酒品质量也非常好，但是这样的定位不能与其他竞争品牌产生根本的差异性。茅台的"名"虽为世界三大名酒之一，"身"却一直在国际化的阵营之外徘徊。自 2004 年起，茅台酒开始积极开拓海外市场。然而其打入国际市场时，却遇到了种种挫折。于是茅台酒根据自己的优势条件，重新进行定位。茅台酒的酒品与其得天独厚、别处所无的自然条件是分不开的。有关专家对 40 多名茅台内部销售人员进行了一次体检。这些员工因为工作需要，要长期饮用高度"茅台酒"。按道理说，长期饮酒对身体伤害很大。但是专项体检发现，这些员工无任何肝脏病变，有些员工之前的胃病还渐渐好转。说明茅台酒不但不伤胃，据说还能养胃。

于是，专家对茅台酒进行了测试，发现它有以下特点：①据测算茅台酒所含酚类化合物最多，高出其他白酒 3～4 倍。②茅台酒含有 200 多种微量成分，在所有白酒中，茅台酒所含的芳香成分最多。③在所有白酒中，茅台酒的酸度最高，并且乳酸和乙酸最多。一位日本生物专家在对茅台酒进行对比研究后撰文指出，茅台酒饮后不伤身，在于含有大量有益人体健康的r—丁酸。④茅台酒是以传统工艺固态法，经过天然发酵而成的绿色酒。因为有这样独特的自身资源特点，再来对茅台酒进行重新定位，定位为"健康酒"并以"国酒茅台，喝出健康来"的口号对品牌进行传播。2009 年茅台在国外销量达到 500 多吨，占整个公司销售的 6% 左右。2010 年开始首次在法国建立茅台酒的营销网络，5 年内还将陆续在俄罗斯、美国、日本、加拿大、澳大利亚和新加坡等地建立更多海外营销网络。

## 四、发现与挖掘未满足的客户需求

品牌定位就是要改变以往营销"从内向外"的做法，进而采用"由外向内"的方法，确定产品品牌在顾客和潜在顾客脑子里的位置，目的就是采取一系列的策划和方案，在目标消费者群建立一个内在联系，并在消费者心中占据一个有价值的位置。在这个过程中，销售者只提供关于品牌定位的建议和方案，只有顾客才能成为定位主体，即有权决定是接受还是拒绝销售者提出的品牌。销售者不能替代顾客定位，不能将品牌理念强加给顾客。销售者必须从顾客的角度去思考和策划品牌定位，销售者必须善于引导顾客朝着他们策划的方向发展。

品牌定位的重心在于消费者心理，品牌定位要与消费者接受信息的思维方式和心理需求相适应，即对消费者的心理把握得准确，品牌定位策略才能取得好的效果。关于消费者的心理，先要明白，我们现在处在信息爆炸的时代，消费者需要接受的信息量多得惊人，但是能够被消费者入脑的信息是有限的。消费者对接收入脑中的不同概念信息，并非平等地进行处理，而是先进行阶梯式排序，然后按照顺序处理。越靠近前面的信息，对人的行为影响越大，特别是处于第一位的信息，其他的信息很快就会被新的信息所替代，然后被抛弃。所以，品牌定位成功的关键还是迎合消费者的心理，使传播的信息真正成为消费者的关心点，从而占据其心中的一席之地。

为了能够在消费者心中占有一席之地，还有一个方法就是品牌的定位尽量简洁化。让消费者一看即知，不需要费心费力就能领会品牌定位。目标是利用简洁的定位口号，通过品牌传播活动拨动消费者需求的心弦，激发、引导消费者的购买欲望，并赢得消费者的忠诚。

以宝洁公司在中国推出的洗发液为例，它们分别为潘婷、海飞丝、飘柔，虽然都是洗发液，但是它们的定位各不相同。宝洁要求它旗下的每个品牌都是独一无二的，都必须自我建立顾客忠诚度。也就是说，同类产品的多种品牌相互竞争，但又各有所长，为消费者提供不同的好处，而又保持着各自的吸引力。

潘婷的定位在于对头发的营养保健。潘婷用了杏黄色的包装，先给人以具有丰富营养的视觉效果。"瑞士维他命研究院认可，含丰富的维他命，能由发根渗透至发梢，补充养分，使头发健康、亮泽"的广告语，从各个角度突出了潘婷的营养形象。海飞丝的定位在于去头屑。海飞丝洗发液用海蓝色的包装，让人联想到蔚蓝色的大海，带来清新凉爽的视觉效果。"头屑去无踪，秀发更干净"的广告语，更进一步在消费者心目中树起海飞丝去头屑的信念。飘柔的定位则是使头发光滑柔顺。飘柔，从名称上就让人明白了该产品使头发柔顺的特性，草绿色的包装给人以青春美的感受，"含丝质润发专家，洗发护发一次完成，令头发飘逸柔顺"的广告语，再配以少女甩动如丝般秀发的画面，深化了消费者对飘柔飘逸柔顺效果的印象。

这就说明，宝洁善于从没有缝隙的市场上找到差异，生产出个性鲜明的产品。巧妙运用营销组合原理，成功地将这种差异推销给不同的消费群体。这些个性一下子就能深深地印在消费者的心中。当然营销手段只是其次，最重要的是，宝洁的产品都能与目标人群达成心理上的契合，得到他们的认可。

星巴克咖啡注重的不是信息的传播，更多的是对消费者需求的满足。星巴克咖啡在做品牌定位时，专门做了调研，了解其消费者对咖啡功能性和情感性两方面的需求。功能性需求是"我想喝一种味道更醇厚、更浓郁的咖啡，我在找能和咖啡混着喝的更多的方法，我要喝纯正的咖啡"。情感性需求是"我把喝咖啡看成是一种社交的机会……而且我希望它不仅仅是一种经历，我在追寻的是咖啡娱乐"。星巴克咖啡就是把握住了人们的这两种需求，特别是情感性需求，为自己找到了一个很好的定位点，使其与传统的罐装咖啡相比更有竞争力，更能获得消费者的青睐。

还有一个失败的案例。美国强生公司早期研制出一次性的婴儿尿布，本以为会大卖特卖。因为这款婴儿尿布的定位是一次性、方便。但是销售一段时间后，却发现销售量不是很理想。于是美国强生公司开始对妈妈们进行走访调查，最后终于找到了原因：由于强生公司把宣传的重点定位在方便性上，这样一来，年轻的妈妈们认为，如果使用这种尿布会让别人认为自己是一个懒惰的媳妇，所以就不太愿意购买。于是美国强生公司很快改变了定位，它定位于更关注宝宝的健康。就这样，一个重新的定位、迎合妈妈们心理的定位，给一次性婴儿尿布带来了新的生机，从此销路大开。

虽然我们都知道顾客需求在品牌定位中的重要性，但是真正和顾客交流并了解他们的需求，并不是一件容易的事。我们不可利用以往的经验来判断顾客的需求，因为品牌定位不是永恒不变的。这个世界永恒不变的只有变化。社会、政治、经济的宏观环境在变，技术发展一日千里，消费者需求千变万化，市场瞬息万变。我们需要大量的调查、研究，方能知道消费者真正的需求，那样品牌定位才会取得实效。

## 五、以点带面而非面面俱到

前面反复讲过，不论企业的资源多么丰富，都不可能囊括所有的消费者。在洗发液企业中，笔者认为宝洁公司做得就很到位。一种洗发水只给一个定位，这样消费者选择起来就非常方便。品牌定位就需要这样，让消费者一看即知。因为消费者可没有这么好的耐性去选择，没有兴趣去记忆很多品牌信息。面面俱到，过多地罗列品牌特点，是注定要失败的。抓住关键的一两个独特点，以简洁明了的方式表达出来，让消费者充分感知和共鸣，这也是品牌定位的一条重要原则。品牌如人，个性突出才能给人留下深刻印象。

有品牌专家介绍，品牌的字数最多不要超过 7 个字，12 个字是最大的限度，字数多了不容易记忆，例如耐克、阿迪达斯、麦当劳就很容易被消费者记住。定位也是一样，越简洁越容易让消费者记住，越容易给人留下印象。简洁有利于消费者帮你传播、客户帮你介绍，能够以最快的速度、极低的成本、最有效的方式进入消费者的脑海，达到抢占品牌记忆区域的目的。试想一下，定位得很广，例如洗发水的定位是去屑、营养、柔顺，看起来优点很多，其实消费者已经不知道真正的买点，都是优点也就没有特点了。

例如吉列剃须刀、箭牌口香糖、柯达胶卷、邦迪创可贴，你是否认为它们很简洁呢？答案是肯定的。耐克的定位只有三个字：运动装。当提到运动鞋的时候，我们可能会马上想到耐克，你看看这多么简洁。戴尔意味着直销计算机，"Dell"也很简洁。说到快递的时候，你可能会想到 EMS。虽然 EMS 只是快递的一种，但实际上它几乎等同于快递了，我们可以看到它的关键字定位非常简洁。其他的像飘柔、潘婷、海飞丝，其定位分别是柔顺、营养和去屑，都非常简洁。

　　笔者在为国内专业提供香精香料的亿香宝食品科技公司咨询时，给"亿香宝"定位于——科技创造美味的食品添加应用工程的解决者，用简洁的口号"香传天下"进行推广传播，取得了突破性的成功。

　　所以，品牌定位一定要简洁，定位在一个点上，而不是面面俱到。这就要求，你的产品和服务需要具有自己独特的个性，产品之间真正无法接近的只有产品的个性。品牌的个性与产品的物理特性和功能没有多大关系，而是通过品牌定位的手段赋予产品鲜明的品牌个性，然后通过品牌传播使得品牌个性得到消费者的认同。坚持个性化的定位原则，在品牌定位的形成过程中，塑造品牌的个性，将品牌所表现的个性与消费者的自我价值观吻合，这是能统摄长远的品牌战略定位之道。

# 第四章 品质——品牌自驱力，让品牌说话的根苗

## 第一节 产品虽不等于品牌，品牌却依附于产品

一个做产品的企业，其贩卖的是产品的价值，满足的是消费者物质上的需求；而如果一个企业将产品做成品牌，那它具有产品品牌的价值，当然产品品牌也可以贩卖。要塑造产品品牌，就要有单独的价值，其单独价值所满足的需求和产品满足的需求是不一样的，产品品牌更多的是满足欲望。欲望，顾名思义就是心灵的需求。消费者物质要求被满足以后，为了心灵的需求，他们同样会掏钱购买或者花更多的钱去购买，这种满足就是品牌带给消费者的。品牌带给消费者的也是一种心灵需求的情感价值，这个价值就是利益。因此产品有产品的价值，品牌有品牌的价值，产品和品牌是完全不同的两个概念。

产品虽不等于品牌，但是品牌却依附于产品。为什么消费者都比较青睐品牌，甚至不惜花高出普通商品几倍的价格去购买品牌产品？其中的主要原

因，就是品牌产品在质量上有相对的保证。

2008 年初，我们在对中国 32 个大城市的 15000 名被调查者进行的一项"中国百姓品牌意识"问卷调查中，当问到"你认为什么是品牌"时，被调查者中有 90.16% 的人认为"首先是产品质量好"。据美国一家咨询机构的研究表明，消费者对行业内的产品质量排序，关系到企业的投资回报率。当一个企业的产品质量排在 15 位以上，其税前投资回报率平均为 32%；当一个企业的产品质量排在后 5 位，其税前投资回报率平均仅为 14%。另外，根据湖南全程咨询公司研究表明，产品质量与其美誉度呈正比例发展关系，质量每提高 1%，美誉度就提升 0.5%。而产品美誉度又和品牌形象有着密切联系，美誉度每提高 0.5%，品牌形象就提升 1%。品牌形象与销售量又有着直接关系，品牌形象每提高 1%，销售量就提升 0.5%。依次类推，当质量提高 1% 时，美誉度提高了 0.5%，品牌形象提高了 1%，销售量提高了 0.5%。以上研究结果，足以说明产品质量对品牌核心竞争力产生的影响，并最终影响企业效益。

消费者通常认为同一品牌下的产品具有相同的品质，这也是"品牌苹果树"的原理。品牌成为消费者寻找产品稳定性的主要途径，当然消费者对于品牌的最终诉求在于产品质量。质量是品牌之母，质量决定品牌的核心竞争力。因此，凡是卓有远见的企业管理者，都会意识到产品质量对品牌资产的重要价值，所以，越来越多的企业从追求产量升级到追求产品质量。

三星集团是世界有名的企业，三星手机战胜诺基亚、摩托罗拉等国际知名品牌，与苹果手机并驾齐驱，说明这个企业是一个充满活力的企业，这与其企业的品牌理念是分不开的。三星总裁李健熙上任后的第一件事，就是大声疾呼：三星人要摒弃重产量轻质量的落后观念，树立质量至上的意识，否则企业很难生存下去。这绝对不是危言耸听。三星产品，与日本电器产品相比较更加便宜，然而消费者还是不买账。鉴于这种情况，李健熙亲自飞往美国洛杉矶调查许多电器商店，把市场上最畅销的电器产品与三星产品摆在一起进行比较，结果三星产品相形见绌，最后找出了三星产品不受欢迎的原因。三星产品的缺点是设计粗糙，故障率高，售后服务差等。于是他采用"丰田五问"的分析方法，并在企业内部找原因，最终找到了决定性因素。过去三星评估下属企业和职员的表现时，65%看重的是产品的产量，或者依靠产品产量确定员工的绩效。所以，上到公司管理人员，下到企业普通员工都不看重产品的质量。于是他提出，质量与产量的重要性之比应该是9:1，甚至更高。三星人从观念上作了根本改变，这样才使得三星集团有了成为世界品牌的可能。

像三星集团这样，以质量为本打造品牌核心竞争力的企业不胜枚举。如"劳斯莱斯"汽车以手工制作名扬天下，"宝马"汽车以质量广为传授，"沃尔沃"汽车以安全制作而有口皆碑。但是，很多企业因为产品质量问题，未能逃脱"昙花一现"的宿命。

石家庄三鹿集团股份有限公司，前身是1956年成立的"幸福乳业生产合作社"。一路走来，充满艰辛，从小做大，由大做强，在行业中创造了多项奇迹和各项殊荣。2005年8月，"三鹿"品牌被世界品牌实验室评为中国500个最具价值的品牌之一，2006年位居国际知名杂志《福布斯》评选的"中国顶尖企业百强"乳品行业第一名。经中国品牌资产评价中心评定，三鹿品牌价值达149.07亿元。2007年被商务部评为最具市场竞争力品牌。"三鹿"商标被认定为"中国驰名商标"，产品畅销全国31个省、市、自治区。这些耀眼的光环使他们失去了方向，醉心于规模扩张，醉心于销售额的增长，却不关注产品质量的管理，致使"三鹿"生产的婴幼儿奶粉受到三聚氰胺的严重污染，导致众多服用了"三鹿"奶粉的婴幼儿患泌尿系统疾病，造成多名婴幼儿致病死亡。这让具有 25 年悠久历史，品牌价值高达 150 亿元的奶业巨人三鹿集团，因为产品问题轰然倒下。

任何一个企业要生存发展，都必须不断适应市场变化和提升自身的核心竞争能力。那么如何创造企业的竞争力？这就需要创造知名品牌，需要企业抓住全球范围的产业结构调整和资源重新配置的机会，通过提高企业产品质量建立知名品牌，提升企业核心竞争力。而产品质量的提高，又是企业核心竞争力转化为市场竞争力的直接体现。企业应将提高产品质量放到最重要的位置，将其作为核心竞争力的核心内容。

## 第二节　产品的质量就是品牌的保障

企业若想在星罗棋布的同行中立足，若不讲求质量，注重信誉，后果不堪设想。"三鹿"奶粉的三聚氰胺事件，使得乳制品行业面临巨大的危机，这足以说明这一点。产品质量是企业生存的最基本保障，试想如果厂里质量把关不严格，那么就会生产出不合格的产品。投入到市场中损害了消费者的利益，那么产品滞销就在所难免。企业的形象也会一落千丈，轻则被用户拒绝，重则可能发生恶性事故，危及人们的生命安全。所以企业要以稳定生产为基础，提升管理为抓手，进而提高产品质量，赢得市场份额。质量提高了，企业的生命便有了活力，品牌才能发挥真正的效能。那就让我们以提高产品质量为助力，进而推动公司品牌建设，增强公司影响力，以实现企业效益的最大化。

## 一、以质量促发展，树立品牌意识

如果把产品质量比作企业的生命，那么品牌质量便是企业的灵魂。品牌质量比产品质量含义更广，它是以产品质量为基础，扩展到消费者心中的评价和感受。品牌质量是产品质量和消费者感受质量的有机结合，两者结合得好坏，关系到品牌质量的高低。产品质量是建立信誉的基础和前提，在提高产品质量的同时，也要重视提高消费者心中的感受质量，使得产品的质量真正体现为品牌的质量。

面对当前实际，企业应当把提高产品质量作为竞争的有效手段之一，以市场为导向，以客户的需求为标准。那么，有哪些因素影响着品牌的质量呢？

一是优质的原材料和品牌产品设计。品牌质量的基础是产品质量，产品质量的标准包括两方面的因素，一个因素是原材料。为了保证产品的质量，任何一个名牌产品和名牌企业都会对原材料的选择有严格的要求。例如创建于1669年的同仁堂，历时300多年而不衰，是因为同仁堂始终选料上乘，很有讲究。由于药材选用精细，炮制的成药也一贯质量优良。想成为同仁堂的药材供应商，要经过层层把关，严把质量关。另一个因素是品牌产品设计。产品设计包括产品的功能、结构、组合方式、造型色彩、包装等。海尔的整体厨房是以"橱柜家电一体"为设计宗旨，家电采用嵌入式设计，充分利用有限空间，使厨房设备整合化一，赢得了国内消费者的广泛好评。

二是先进的技术和设备。先进的技术和设备与优质的材料结合起来，能生产出上乘的产品。因此采用新技术、新设备、新工艺、新方法，就能实现产品质量的提升和产品的升级换代。

三是培养高素质、高技能人才。一流的产品需要一流的设备生产，一流的设备需要一流的人才管理，只有培养出一流的技术人才，才能使一流的设备生产出一流的产品。

四是摒弃"重产量而轻质量"的旧观念。完成产量任务固然重要，但是保证产品质量更重要。应该在全公司营造一种先达标后达产的氛围，让员工意识到产品质量不仅仅是质量管理部门的责任，更关系着每一个人的利益。

## 二、以质量赢客户，打造品牌形象

客户是产品质量的检验者。产品质量的好与坏，我们说了不算，要看消费者怎么看。所以我们在制造产品或提供服务时，首先，要对消费者的质量要求有一个清楚的认识，这样我们在产品的选料、设计以及加工工艺上，就会有一个综合的把握。其次，并不是说产品质量越好，效果就越好，这是一个很大的误区。满足消费者需求的质量才是最合适的质量，质量过好，消费者就需要花费更多的钱去购买，这样会造成质量的过剩。所以产品质量的监管不是企业自身，也不是某某监管机构，当然他们的监管对质量的把控也有很好的作用，最重要的还是消费者的监管。

前面我们提到过口碑传播的概念，客户就是产品质量最好的宣传者。产品宣传应抓住客户这一最有效的载体，客户满意与否，直接关系着产品能否销售出去，更关系到企业的形象，因此我们应当变主动宣传为被动宣传，充分利用客户的力量。客户宣传无须成本，而且是效应最好的方式之一，因为客户作为产品的使用者，可以直接感受到高质量的产品所带来的价值收益。当他们获益后，便会以直接的方式做宣传。同时有些客户用我们的产品，生产出下游的高质量产品，便可作为间接的代言。这样一个良性循环，不仅可以扩大产品本身的附加效益，还可以为社会创造更大的价值。

客户又是品牌建设的参与者。品牌不是企业宣传出来的，更不是某个品牌建设公司策划出来的，而是以高质量的产品作基础，得到客户的青睐，拥有良好的口碑，最终凝聚成的一种无形财产。赢得了客户就赢得了市场，赢得了发展。产品质量是硬实力，而品牌影响是软实力。就是在硬实力的带动下，通过市场调研、终端营销、效果评价等品牌培育模式，形成符合市场实际的品牌培育机制，来打造优越的品牌形象。

## 三、以质量稳市场，巩固品牌地位

市场是由客户组成的，以高质量的产品赢得客户的认可，就能获得市场份额，逐步将品牌形象推广扩大，提高公司的影响力，从而使公司在行业内站稳脚跟，不断壮大，进一步巩固品牌的地位。

要坚持"诚信为本，品质为先"。中国的经商之道是无信不立，诚信是企业生产经营的根本，无论对内还是对外，都应讲诚信，对员工兑现诺言，员工也要对公司负责任，这样生产出来的产品才能保质保量。对客户以诚相待，只有持续为外界提供优质的产品，才能发展自己的忠实客户，继而通过忠实客户的口碑相传，才能在竞争中获得优势，进而稳定公司的产品市场。

总之，公司上下应做到充分发挥企业的全面优势，不断改革创新，激发每一位员工的积极性、主动性和创造性，精诚团结，追求卓越，努力把品牌发展推向一个新境界，支撑公司科学发展、和谐发展、跨越发展，为实现公司持续发展、协调发展做出贡献。

## 四、以质量创品牌，获得消费者的认同、美誉、忠诚

当今的市场竞争，表现为品牌产品和非品牌产品的竞争。通过以上例证

我们发现，只有高质量的品牌产品，才能树立消费者信心，形成消费者品牌偏好和品牌忠诚，高质量的品牌产品往往意味着较高的市场占有率。

有关资料表明，产品的市场份额正在向高质量的品牌产品集中，20%的企业控制着80%的市场。产品的质量与市场占有率呈正比，质量越好，产品的名气就越大，市场占有率就越高。在激烈的市场竞争中，谁拥有一流的质量，谁就拥有了成功的关键。此外，品牌产品由于其高质量，可以保持价格优势，使企业获得更多的收益。但一般来说，品牌产品由于质量高，价格也高。例如，名牌轿车的价格就比一般轿车高出两倍多，品牌服装与一般服装相比，价格差距也很大。尤其是高质量的品牌产品，在市场占有垄断优势，与同类产品相比差异化程度高，可替代性小，这样会保持价格优势，使其拥有较高的利润，并能够获得更多的收益。

## 第三节　好的品牌都是在用品牌说话

很多人对于好品牌的认识都有一个误区，他们认为，只有那些大商场或聚光灯下的品牌才是好品牌。还有人认为，那些具有很高知名度的品牌才是好品牌。中国就有这样一些知名度很高的企业，也有很多知名度很高的产品品牌，但它们不一定是很好的品牌。例如中央电视台的"标王"山东秦池酒厂，因为花费几千万元在中央电视台做广告，可谓名声大震，无人不知无人不晓，但就是由于长期在聚光灯下曝光，产品质量又不过关，一出现问题，同样也在聚光灯下暴露无遗。只因为几次负面报道，就使得山东秦池酒厂不得不宣布破产。所以说一个好的品牌不只是高知名度，还要具有高美誉度。

什么是品牌美誉度？品牌美誉度是指消费者心目中认为的最好的品牌，不只是依靠大肆宣传得到的高知名度，而是源于消费者自身的感受。消费者的感受，大多都是通过品牌联想等途径获得的。当然自身的感觉不一定是正确的，但是消费者认为这个产品最好的时候，就是对品牌的美誉。口碑是会"传染"的，在这个消费群里，当有 1/2 赞誉该品牌的时候，美誉度基本上就形成了。消费者的美誉度大多数来源于自身消费的经验，只有一小部分来自朋友的推荐和广告，所以要想增加产品的美誉度，还需要关注产品品质，否则消费者是不认可的。

当然这不是一个简单的过程，品牌战略需要打持久战，甚至需要几代人的努力。企业只有以产品质量为生命，以完善品牌美誉度为使命，以调高品牌忠诚度为目标，扎扎实实培育品牌，才能使品牌健康稳步地发展，发挥其无穷的魅力。要是反其道而行之，无视品牌美誉度，欺骗消费者，必然会尝到恶果。

南京某食品企业自 1918 年成立，是中华老字号，有近百年的历史，发展到今天，已经成为远近闻名的一个品牌，其中倾注了多少代人的心血！但是企业久负盛名之下，竟然把质量看作儿戏，对消费者耍鬼，终于毁誉一旦。2000 年中秋节过后，该企业把没有卖完的价值几百万元的月饼，陆续通过较低的价格从各地回收。然后把回收的月饼，运进蒙着窗户纸的车间内，先是剥去塑料外包装，刮掉月饼皮，剥出里面的馅料，然后通过搅拌和炒制，做成了月饼馅送进冷库。一年之后，快到中秋节的时候，它们从冷库中把这几十吨的陈年月饼馅拉出来。有些月饼馅显然已经变质，但是仍然被送上生产线，用来加工新月饼。就是这样的劣质月饼，还以每天 90000 块的数量流入市场。

最后这家百年老字号，用陈馅做新月饼的事被媒体曝光，工厂全面停产。

该企业的成品库、馅料库，全部被卫生监督部门查封，各类月饼2.6万块及馅料500多桶被封存。各地商家也从中秋节前天晚上，将其产品全面下架。

一个中华老字号食品企业就这样走到了一个不应该的结局。我们对该企业的"落马"感到震惊，但更多的则是叹息。这个故事告诉我们，一个企业如果没有抓牢产品质量，不可能得到消费者的信任，还很可能名誉扫地。就算是有一定知名度的品牌，同样也要注重产品质量。这也是品牌打造的基础，好的品牌先要靠产品本身的质量说话。

提高美誉度还有另外一个好方法，就是履行对消费者的承诺。笔者经常与公司总顾问、三一重工原副总裁、《我与首富梁稳根》的作者何真临老师探讨，一致认为，从某种意义上说，品牌不是一个名词，而是一个动词，它是一个不断给消费者提供物质与精神价值的过程。即使成了品牌，如果不能持续保持品牌承诺，甚至认为成功后可以欺骗消费者的话，终会被消费者所唾弃，"三鹿"就是活生生的例子。

美国就有从一美元到百万富翁的成功故事。"一美元商店"创始人佛特尔靠给别人打工和自己省吃俭用的钱，开了一个网上超市。于是就在一家杂志刊登了"一美元商品"的广告，并声称自己的商品包括餐具、工艺品、文具、食品、玩具，都是一美元，你只要发来订单，立即送货上门。

由于这种销售方式比较迎合家庭妇女购买实用廉价商品的愿望，所以很快就收到了很多订单。收到订单后，佛特尔很快就把商品送到订购者的手里。因为这些商品不可能都低于1美元，再加上广告费、邮寄费、损耗费，看来佛特尔要亏不少。不过佛特尔并没有就此作罢、不履行承诺，他把商品都送到客户手里面，这就使得很多客户产生了信任感和方便感。于是，他在送货的时候，还附上另一份订货单，订货单上所列的是从3美元到100美元的东西。他在商品目录上简短地写道："如果你需要目录上的商品，请填好品种和数目，并汇出订单，很快就会送上。"结果，第二笔、第三笔生意很快就来了，不但填补了第一次亏损，而且生意也越来越好，并很快积累了丰厚的财富。

通过产品质量和企业信用获得企业美誉度，获得忠诚客户，再通过忠诚客户进行口碑相传，增加市场占有率，进而抢占市场，获得利益，这是企业的发展之道。好的产品质量和好的企业信用，也是好品牌的资本。只有具有这些优点，才能被称为好的品牌。只是通过广告大肆宣传，胡乱吹捧的非明智之举，当然不是好品牌的表现。

## 第四节　打造品牌品质的途径

### 一、一切以目标客户为出发点

著名"现代管理学之父"彼得·德鲁克曾经说过，企业的目的，也是唯一正确的目的，只有一个——那就是创造顾客。创造客户就是提高客户的满意度、美誉度和忠诚度。提高客户的满意度、美誉度和忠诚度，是一切以目标客户为出发点的外在表现，只有这样我们才能打造自己的品牌。

客户的满意度主要取决于，客户将其对一个产品或服务的可感知的效果与期望值，进行比较后所形成的感觉。如果可感知效果低于期望值，客户就会"不满意"；如果可感知效果与期望值相匹配，客户就会"满意"；如果可感知效果超过期望值，客户就会"非常满意"。也就是说，一个目标客户对企业产品或服务首先在感知。只有企业的产品和服务让客户满意,客户才能对你的企业大加赞赏,从而形成企业的美誉度。

当然,赢得美誉度是很难的。美誉度不同于知名度,知名度可以通过大量的广告宣传很快获得。但是美誉度就不同,它需要客户的感知效果不断地超过期望值,让客户达到"高度满意",才能实现美誉度。美誉度增加了,就会有越来越多的客户非常满意企业的产品或服务,从内心之中对企业大加赞赏,随之就会自然而然地产生客户对企业的忠诚度。忠诚度包括两个方面,一方面是该企业的产品和服务信赖,并希望重复购买;另一方面是忠诚客户会为企业做口碑传播,为产品和服务寻找更多的目标客户。

企业只有一切以目标客户为出发点,才能建立客户的满意度、美誉度和忠诚度。而客户的满意度、美誉度和忠诚度之间是紧密联系、层层递进的,它体现着企业的核心竞争力,进而才能打造企业的品牌。

怎样才能使客户满意并忠诚呢?偶然发现下面这则小故事,那就以"老太太买水果"揭示从"以市场为中心"到"以客户为中心"的理念转变吧。

**案例一**

老太太买水果之一——满足客户的需求,提高客户的满意度。

老太太离开家门,到楼下农贸市场去买李子。她来到一个水果摊前,问道:"这李子怎么样?"

小贩回答:"这李子很不错,又大又甜,特别好吃。"

老太太摇了摇头走开了,向另一个小贩走去,又问了同样的问题。

"我的李子有两种,你想要哪一种?"

"我想要酸一点儿的。"

"有、有,我这篮子的就是又酸又大,咬一口就流口水,您要多少?"

"来一斤吧。"

按道理说，第一个小贩没什么问题。你要李子，当然是又大又甜的李子好。我给你推荐又大又甜的，你怎么不买呢？殊不知，这个老太太是给她怀孕的儿媳妇买的，她想要的是又大又酸的。客户的需求是多样的，企业只有以客户为中心，弄清楚客户到底想要什么产品，站在他们的立场上去思考、去发现问题，并在此基础上设计出合适的产品，通过满足目标客户的要求，使客户满意，从而实现企业的战略目标，这是企业参与市场活动、打造品牌品质最基本的要求。

**案例二**

老太太买水果之二——非常满意才是硬道理。

老太太离开家门，到楼下农贸市场去买李子，她来到一个水果摊前，问道："这李子怎么样？"

"我的李子有两种，你想要哪一种？"

"我想要酸一点儿的。"

"有、有，我这篮子的就是又酸又大，咬一口就流口水，您要多少？"

"来一斤吧。"

"人家买李子都是要最大最甜的，您怎么要又大又酸的呢？"小贩问道。

"我儿媳妇怀孕啦，想吃酸的。"老太太回答。

"是这样呀，您真是个好婆婆。只不过这个李子不适合孕妇吃。我们有一种李子又酸又大，纯天然的，无毒素，对孕妇无伤害，就是价格贵了点。"小贩继续说道。

"那我要那种。价格不是问题，要健康的。来一斤吧。"

同样是买一斤李子，这个小贩知道是给孕妇吃，于是推荐了健康的李子。怀孕的孕妇是最脆弱的，经受不住一点伤害。小贩站在老太太的角度着想，使得老太太的可感知效果大大高于期待值，使其"非常满意"，使客户提高了其美誉度。那么下次购买，不论是买李子、栗子或者梨，都会想到这个小贩的好，都可能会来这里。

对于企业来说也是一样的。据有关调查发现，向现有顾客销售的概率是50%，而向一个新的客户销售产品的概率仅为15%，而且企业要花费相当于留住现有客户6倍之多的成本才能赢得一个新客户。所以，对于企业来说，提高企业的美誉度显然是企业经营宗旨之一，这样才能打造自己的品牌。

案例三

老太太买水果之三——"满意度+忠诚度=终生客户"！

老太太决定买一斤李子。

小贩一边帮老太太挑李子，一边和老太太寒暄。

"您人真好，谁摊上您这样的婆婆，一定有福气。"

"我每天都在这摆摊，水果都是当天从批发市场弄来的最新鲜的。儿媳妇要是吃好了，您再来，我给您优惠。"

"行。"老太太高兴地走了，回到家儿媳妇也夸李子好吃。老太太下楼和其他老太太聊天，说哪家卖的水果最新鲜、最好吃，"你们都去那里买吧"。就这样，小贩的生意越做越好。

企业也是一样的道理，一切以目标客户为出发点，要通过满意度和美誉度，最终提高目标客户的忠诚度。就像苹果的苹果迷一样，可以无偿地为产品宣传，这样产品或服务自然而然具有了比其他企业更强的竞争力，品牌品质自然就打造成功了。

著名的客户满意度定律："客户满意的第一定律，是杠杆比24倍。就是一个顾客抱怨的背后，有24个相同抱怨的声音。一个满意的声音背后，也有24个相同的声音。"打造品牌是一个艰辛的过程，必然要有满意度、美誉度和忠诚度的不断递进，没有捷径可走。但是这恰恰就是捷径，只需要始终将

"以目标客户为出发点"纳入企业核心价值观，企业员工在职业道德、行为规范、价值观念等方面，都渗透着"一切让客户满意"的理念，处处体现企业对"客户"的重视和对"客户满意"的追求，能不断地挖掘客户的价值，增强客户满意度和忠诚度，最终达到留住客户、增强市场竞争力，进而打造企业品牌的目的。

## 二、注重产品的质量，提升服务品质

没有质量就没有市场，没有质量就没有效益，没有质量就没有发展，因此，质量才是硬道理。产品质量对于企业的重要性不言而喻，不注重产品质量，最终会寸步难行，功亏一篑。据统计，企业的平均寿命只有 7 年。那些被市场无情淘汰的企业，可能是由于种种内部管理和外部市场环境恶化。但是毋庸置疑，许多企业都栽在看重眼前利益，不注重产品质量这个环节上。尤其是在市场经济快速发展的今天，市场环境已经发生了根本性的变化，只要能生产出来就能卖出去的年代，已经一去不复返了。卖方市场已经转变为买方市场，企业间的竞争越发白热化，质量对于一个企业的重要性日益明显。产品质量高低是企业有没有核心竞争力的体现之一，一个企业要想做大做强，就必须努力提升产品的质量和服务水平。

综观国内外，每一个长久不衰的知名企业，其产品或服务都离不开过硬的质量和优质的服务。所以，质量和服务是企业的生命，是企业的灵魂。任何一个企业要生存和发展，就必须致力于提升产品质量和服务品质，不断创新和超越，追求更新、更高的目标。一个企业唯有不懈追求，精益求精，方有希望处于领先行列。

前面提到的同仁堂，是国内久负盛名的中药老字号，始建于 1669 年，至今已经有300多年的历史。历经数代、载誉300余年的北京同仁堂，如今已发展成为跨国经营的大型国有企业——同仁堂集团公司。其登顶的主要原因，就是其传统、严谨的制药工艺和显著的疗效。

中药行有句老话，叫做"丸、散、膏、丹，神仙难辨"。意思是做成中药后，其原料的好坏，炮制过程是否规范，神仙也搞不清。这和西药不同，西药是化学合成的，其成分非常明确，而且在哪里做都一样。但中药就完全不同了，例如一味药要用到人参，同样是人参，你用长白山的，还是用普通的，甚至用劣质的，质量、效应、成本就有天壤之别，但是绝对不是假药。同样的原料，不同的炮制过程，相差也极大。例如做阿胶，必须采用整张驴皮，然后要把头尾边角剪掉，剩下中间的一小部分才能用，这样的制作过程当然是为了保证产品的高质量。试想，这样的制作过程哪有成本不高的道理？可以说，中药是最容易造假的。正是由于如此，同仁堂供奉的祖先牌位前有一幅著名的对联：修合无人见，存心有天知。人在做，天在看，必须自律。现在随着人民生活水平的不断提高，随着大家对同仁堂药品品质的了解，吃放心药、吃好药必将成为必然，同仁堂对质量的追求终将得到回报。

同样是做中药，很多企业不注重产品质量，投机取巧，最终不免作茧自缚。安徽亳州是中国最大的药材市场，亳州附近种植、加工、生产中药材的人非常多。由于国家基药招标价一跌再跌，有的中药招标价甚至明显低于其所需原材料的成本，致使商家无利可图。基于种种原因，这里普遍存在以次充好、以假充真的现象。一些小厂甚至以有毒药材（就是用农药泡过的药材，看着成色好，其实有毒）来制药。可想而知，不但很难打造品牌，最终还会被市场淘汰。

对于品牌的打造，产品质量不言而喻非常重要。那么，如何拥有回头客呢？如何降低客户流失率，增强企业效益和竞争优势呢？那就是提升服务品质。传统的观点认为，服务品质都是只针对服务业而言的。然而，随着市场环境的改变，服务已融入各行各业并起着越来越重要的作用，成为企业增加产品附加值、实施差别化战略，进而获得竞争优势的最佳途径。

总体来说，服务在品牌质量的打造中所起的作用，主要包括以下几个方面：①良好的服务是降低顾客流失率和赢得更多新顾客的有效途径；②服务是现代企业的核心竞争武器与形成差异化的重要手段；③提供良好的服务有助于企业获得反馈信息，指导决策；④提供良好的服务，促进企业利润持续增长。

那么企业如何做才能保证产品质量，提升服务品质呢？

首先，从小事做起，做好细节，把握产品质量和服务品质。任何一个高效率、高品质的企业都有杰出的团队。而团队力量则是建立在每个人、每个部门上的，因此必须着手抓细节。

"勿以善小而不为"，改善产品制作和服务中的每一个细节，把它们当作大事来切实落实；"勿以恶小而为之"，损害形象的每一个细节，都不能当作小事置之不理。提升产品质量和服务品质要从点滴做起，要让每一点改善都带给顾客更大的方便与满意，因为这才是企业的生命源泉。

例如，在产品质量方面全面导入产品生产的质量管理理念，由"检验"到"预防"，由"堵"到"疏"，再到生产的"全面质量管理"，建立独立于生产管理的质量保证体系，每个环节都制定详细的质量管理标准。从产品开发、工艺流程设计到原料采购，从第一道工序到产品下线，每个环节必须制定详细的、可控制的管理标准。加强产品实现过程的质量检查和质量监督，在解决产量、成本、质量冲突时，坚决杜绝牺牲质量的思想痼疾，以实现质量管理理念的转变。

其次，加强员工培训。对员工的培训，先要形成产品质量和服务品质的全员意识。产品质量和服务品质的提高，需要大家的共同努力、共同参与，要定期对员工进行产品质量和服务品质教育，以提高其质量意识。

实现产品质量的提高，需要企业对原材料进行严格的控制，合格的原材料是生产优质产品的物质基础。此外，还要注重产品开发、设计中的质量控制。通过对产品的改进，提升产品的质量，最重要的一环就是在产品开发、图纸设计过程中，认真开展产品实用性设计、可制造性设计、可装配性设计。当然还要引进高科技设备。

这些都是打造产品品质的基础，需要员工相应地提高技能水平。所以，应努力提高员工的技能水平。通过制订详细具体的培训计划，适时对员工进行专业技能培训，提高员工的整体技能水平。对关键工序的知识项进行反复的宣贯及考核，做到每名员工都熟知，这样才能保证产品的质量。具体可从以下三个方面做起：

一是建立一整套员工培训制度，加快企业人才的培养，力争形成具有专业化水平的专业技术力量。员工培训制度包括对员工进行统一的培训、定期考核、评比，提高员工的技能和素质。随着员工素质的提高，管理手段的加强，管理水平的提高，产品质量和服务品质也会随之相应提高。

二是继续加强企业内部管理机制，增强员工市场竞争意识。①要加强对员工业务素质的考核，做到奖罚分明，调动起增强业务素质的积极性。②积极实施竞争上岗，符合要求的人员继续聘用，不符合要求的人严格实施解聘。尤其是专业岗位工作，要加强人才的选取聘用，在社会上实施专业选聘，保证社会先进管理专业技术在企业中能够得到运用。这些措施可以增强员工的市场竞争意识，有利于调动员工的工作积极性。只有发挥了员工的主观能动性，才能使产品质量和服务品质上一个台阶。

三是牢固树立一个观念——客户和员工是最好的质量改善者。产品质量的好坏与客户的满意度成正比，客户是产品质量的主裁判。所以我们应当及时对客户反馈的意见进行调查和整改，做好顾客投诉接待与处理，把顾客投诉视为宝贵资源，客户的不满就是企业改进的方向。员工是产品质量的一线情报员，他们参与产品制造的每一个细节，调动他们的积极性和主动性，是改善质量的最好措施。因此，企业必须在质量管理中积极运用这两方面的力量，层层把关，人人负责，才能把质量控制在每一个产生的源头。

质量管理没有永恒的答案，只有永远的问题。质量管理与成本控制，就是在持续不断地解决问题的过程中，逐步规范起来的。没有最好，只有更好，是企业力求卓越的质量意识；打造著名品牌，奉献精品产品，是企业生产永恒的追求。

## 三、人无信不立，信用是品牌的根本

"烽火戏诸侯"的故事大家都耳熟能详，类似于小学课本上的"狼来了"。意思是说如果没有诚信，一味欺骗戏弄顾客，最终只会自食恶果。周幽王，又名姬宫涅，他在位时，不理朝政，喜好美色。周幽王十分宠爱妃子褒姒，可是褒姒不爱笑，为了博得美人一笑，听信了虢石父的"好主意"，把美人带到骊山之上，把烽火点了起来。各路诸侯误以为天子蒙难，纷纷派遣军队星夜兼程地前往救驾，但是最后这许多兵马扑了个空。此时的京城内外，已是兵马云集，一片混乱，这种狼狈滑稽的场面，被站在高台上的褒姒看见，禁不住哈哈大笑。周幽王心花怒放，以后又数次重复这样的恶作剧，以致无人再相信狼烟信号。五年后，犬戎大举攻周，这个时候周幽王再点燃烽火已经没人相信了，结果周幽王被杀，褒姒也被抢走。

所谓"诚信"就是"诚实"、"守信"，常言道"人无信而不立"，意思是一个人要是不讲诚信、不守信用，就无法得到别人的尊重、社会的认可，因而也难以在社会上立足。企业的品牌就像是人一样，不诚信、不守信用，也难以得到消费者的认可，难以立足于市场。从企业经营哲学角度看，品牌的价值不在于你获得多少利益，而是在消费者心目中的地位。一个企业品牌的命运取决于人心向背，品牌之所以能常青，它的根也在诚信，甚至可以说，诚信本身就是品牌。联想控股集团董事长柳传志就曾经表示，要像爱护眼睛一样爱护品牌，要长期取信客户、合作者，取信员工，在没有人监督的情况下要把诚信放在特殊的地位。"人无信不立，政无信不威，商不信不富"，一个成功的品牌是企业在诚信方面长期投入的结晶。

诚信先要真实，山寨产品不被看重，品牌产品需要注册，都是因为是否真实。有的营销者大肆鼓吹自己的产品、服务，但是消费者看不到真实的东西，你的鼓吹只会适得其反，人们会将那些话置之脑后，甚至打入冷宫，使之永远不见天日。打个比方，你说自己是一个世界500强企业的营销经理，而事实上你只是一个夜店的卖酒女郎，那显然是行不通的，伪装成别人，就一定有暴露的风险。这就像谈恋爱一样，先要建立在真诚、坦白、率直之上。在做生意的时候，对你的合作伙伴，客户，只有讲诚信，你的品牌才能真正树立起来。

诚信还包括保持开放的交流和对自己的行为负责。你会相信一个卖给你难看的裙子，却跟你说"这件衣服太符合你的气质，太符合你的身材，简直就是为你定做的，太好看了"的人吗？不讲诚信会比诚信吸引更多的注意力，但纸始终包不住火。与其建立虚假的形象，再尽一切努力维持谎言，还不如关注自己身上真实动人的地方，努力将其发展到极致。

那么，我们该如何把握诚信和品牌的关系，让我们的产品长期占有市场，占有更大的消费群体呢？笔者认为应重点从下面几点去努力：

　　一是用诚信打造品牌。诚实守信是中华民族的传统美德。但是随着社会的发展，外来腐朽思想的侵蚀，社会的诚信度在不断下降。地沟油、三聚氰胺奶粉、苏丹红咸蛋、瘦肉精猪肉、黑心棉等的出现，严重侵犯了人们的生命财产安全，这些围绕诚信所发生的事件值得深思。

　　例如媒体曝光的百胜餐饮集团，企业本来的愿望，是要做成全球最大的餐饮企业，并且向外国人"推销"。随着国人对"洋食品"的新鲜感逐渐淡化，中式餐饮企业异军突起，但是随着时间的推移，竞争对手日益增强，企业的业务也再难突破。可是百胜餐饮集团不去增加产品的科技含量，不去提高员工的服务水平，而是在自己的产品"奥尔良烤翅"中加入致癌材料"苏丹红"，为的就是用色彩吸引更多的眼球，结果被卫生监督部门查获。丑闻公布于众，这家驰誉全球的餐饮企业立时名誉扫地，一时间各门店生意直线下降。

　　公众一直对百胜餐饮这样的跨国集团有很高的信任度，而发生这样的事件，使人们比对普通企业发生类似事件更为失望。

　　从百胜餐饮集团的事例中，我们不难发现，在市场经济的竞争中，除了追求金钱，更重要的还有良知的诚信。决不能见利忘义，更不能以牺牲产品的信誉做赌注，一旦失去人心、失去信誉，就算你的产品品牌再好，也将永远在市场上和消费者的心目中消失。这就告诉我们一个道理——人心失，不可得。一个产品品牌的形成就像一座大厦，从董事长到普通员工都是这座大厦里的一块砖、一粒沙，如果都为企业诚信添砖加瓦，那么企业就有凝聚力，这样的产品品牌才会吸引广大消费者的眼球，产品才能占领市场。

　　湖南翻天娃食品公司的聂灿华董事长，曾经与笔者探讨"翻天娃"品牌为什么能屹立食品市场十几年不倒，而且越来越好。结果发现，坚持质量第一、恪守消费者承诺，是品牌建设的核心基础之一。这从其公司理念"产品如人品"中，就可以窥斑见豹。

二是用诚信成就品牌，用品牌保证诚信。品牌与信用从来都是相辅相成的两个方面。品牌是市场发展的产物，诚信成就品牌，品牌保证诚信。具体如何理解呢？我们从下面的例子中就可以管窥一二。

联想集团从 1984 年开始，就一直奉行"说到做到"的原则。从联想第一次向银行贷款 100 万元开始，就从来没有推迟还款一次。但是世事无常，企业的变化就更大了。其实如果出现什么问题，不立马还款也不会有什么严重的后果，但是联想却始终坚持按时还款。天有不测风云，1996～1997 年，香港联想因为库存积压导致巨额亏损，亏损额达 1.9 亿港元，在当时可以说是天文数字。但是，联想还需要继续贷款以渡过难关，于是联想集团主动向银行告知了亏损的消息。一般情况下，先贷款再通知银行资金亏损的消息，贷起款来更方便。但是联想集团宁愿付出代价，也不愿失去银行的信任。就是这个举动继续取得了银行的信任，再次贷到了款，渡过了难关。试想一下，如果不是因为联想长期守信用，那么这件事根本就做不成。

就像这样讲求诚信帮助联想渡过难关的事例还有很多。不只是面对银行，联想集团对于消费者也是以诚相待，不合格的产品绝不允许流入市场。就在企业最困难的时刻，消费者因为信赖也始终支持着这个品牌。品牌是市场发展的产物，是企业经营制胜的利器。对于消费者来说，品牌又是一种信任的依据、一种经验。当消费者对品牌产生信任时，就成为忠实客户，不但会购买品牌旗下的产品，还会通过口碑相传，传播你的品牌。因此，品牌是建立在消费者对产品信任和认可的基础上的，诚信也就成为品牌营销的根基所在。

三是加大诚信开发力度。有关专家对一些百年企业进行分析，这些企业都有一个共同的特征，就是树立了超越利润的社会目标。就是不以企业利润为唯一目标，企业还有很多其他目标要完成。具体表现在以下三个方面：

①人的价值高于物价；②客户价值和社会价值高于合理的生产价值和利润价值；③共同的价值高于个人的价值。例如，北京同仁堂，由于国家基药招标价一跌再跌，有的中药招标价甚至明显低于其所需原材料的成本，但是同仁堂宁愿亏本还在生产一些产品。这些产品利润不大，但又是老百姓生活中必需的非常有疗效的药品。

　　还有的企业热衷于公益事业，始终保持着对社会贡献一分力量的状态，这些就是这种特征的最好表现。可见，真正的品牌是从信誉牌开始再进入到感情牌的过程，信誉是品牌的基础，没有信誉的品牌无立锥之地。例如，南京的冠生园由于几则新闻报道就退隐江湖，三株集团也因一篇报道就命丧黄泉。为什么这些企业会如此的脆弱和不堪一击？原因就在于缺乏应有的信誉。

　　在诚信建设方面，海信集团总裁助理、海信营销公司总经理杨云锋认为："企业要诚信，经营就是品质经营，经营一个企业就像做人一样，你要想赢得别人的尊重，要想在这个社会中立足，你就必须以诚相待，脚踏实地做事。"为什么海尔公司可以在短短几年之内踏进世界500强企业的门槛，成为目前中国品牌增长最快的企业？这与海尔怒砸质量不合格的冰箱不无关系。不合格冰箱像一枚定时炸弹，一旦引燃，危及的是整个公司的信誉。砸了不合格的冰箱，却夯实了消费者对海尔集团的信心，所以说品牌管理的重点就是品牌信誉的维持。

　　坦率而言，我国评出的具有价值的500强品牌，又有几个具有国际影响力呢？又为什么会这样呢？这是因为我们的品牌和信誉、诚信、信用资源的开发之间，有机的结合与联系还是不够的。信用资源分为两大部分，一部分是潜在的信用资源，另一部分是可以开发的信用资源。而品牌是与开发出来的信用资源联系起来的。只有当诚信、信誉已经充分开发出来了，对你品牌的建立、发展才有用。所以要求我们企业即使对信用资源已经有了开发，也要通过产品质量，通过服务，通过企业的塑造，通过企业文化建设，使得这些信用资源和品牌结合在一起，这样才能有效。

当然对于信誉资源的开发，还是有一定难度的。在实际生活中，在人与人之间的交往中，经常会听到这样的话语："这个人讲信用吗?"得到的结果则属于一种社会评价。社会评价的高与低，人与人之间信任程度的好与坏，实际上要受到各种因素的影响。上升到企业的信誉上讲，是各种因素的影响造成了品牌的脆弱，一有风吹草动，一遇到问题，哪怕是小小的问题，都有可能造成信用危机。

品牌一旦失去信誉，受到的影响是不容易修补的。也许通过艰苦的努力可能再生，但是你想把失去的信用、品牌重新建立起来，可是难上加难。所以对确定的品牌、确定的信誉，还要继续努力以求更好地保持。很多企业给我们的教训都是很深刻的，例如温州的假鞋事件，这个事件发生在改革开放初期，到今天已经几十年了，信用好不容易慢慢恢复起来，不禁让人感慨。所以，企业和管理者应该珍惜现有的信用资源，并且不遗余力地用诚信保护好品牌。

# 第五章　个性——品牌自驱力，让品牌说话的资本

## 第一节　每一个好的产品都有与众不同的地方

什么样的产品才算是好产品？这是一直困扰生产者的问题。换句话说，也就是怎样才能生产出一款好产品？因为只有好产品才有出位的机会，才能勾起消费者的购买欲望。讨论这个问题之前，我们先看两个事例。

2009 年底最热门的话题，应该非《阿凡达》莫属了。这部好莱坞大制作是由传奇导演卡梅隆用了 4 年时间，花费 5 亿美元，打造了潘多拉星球的一个梦想世界。《阿凡达》刚刚上映时，一票难求。可以说，当时全球刮起了一股阿凡达热。不论是商场促销，还是表演模仿，房屋装修，都想加入阿凡达元素。更难得的是，不论是关于炫酷的 3D 技术经验、美轮美奂的星球奇景，还是基于科学基础的技术创造力和梦想，看过的朋友都愿意持续谈论并给予好评。

再来看国内导演陈凯歌的作品《无极》，也是大制作。但是它给我们带

来的除了貌似精美的画面和空洞无物的情节之外，似乎我们还真记不住什么。

再回到产品上来。电影也是产品，只不过它是电影公司的产品。什么产品才能称得上是好产品？什么产品才能让人流连忘返，使得消费者不禁为你争相传颂？激烈的市场竞争引发了大量的抄袭模仿行为，技术创新也只能带来短暂的领先优势，然后就会马上被拽入同质化的海洋中。这就要求，一定要有与竞争对手不同的特点，只有差异化才能给消费者一个购买的理由。我们认为，真正的好产品和价格没有关系，和生产者也没有关系。真正的好产品应该有它与众不同的地方，有能打动消费者内心的地方。当然，与众不同之处，可以是原料方面，可以是设计方面，可以是制作工艺方面，可以是渠道方面，也可以是功能、服务和形象方面。

哈根达斯最便宜的一小桶冰激凌也要 30 多元，贵一点的冰激凌蛋糕要 400 多元。自从 1996 年哈根达斯进入中国后，"爱我，就请我吃哈根达斯"这句经典的广告语，还是席卷了我国的各大城市，一时之间成为城市小资们的时尚食品。人们不禁要问为什么。原因就在于哈根达斯冰激凌的与众不同。它与众不同的地方，就在于它所采用的原料。哈根达斯宣称自己的冰激凌原料取自世界各地的顶级产品。例如，比利时纯正香浓的巧克力象征热恋中的甜蜜和力量，来自马达加斯加的香草代表着无尽的思念和爱慕，波兰的红色草莓代表着嫉妒与考验，巴西的咖啡则是幽默与宠爱的化身，而且还承诺它们的原料都是 100% 的天然原料。

在设计上与众不同的好产品，非苹果公司的产品莫属。苹果公司的产品一向以设计见长，随着 iMac 台式电脑、iPad 上网本、iPod 音乐播放器、iPhone 手机的面世，一个个让人耳目一新的产品冲击着用户的心理防线，将苹果品牌变身为时尚与品牌先锋。

真功夫快餐产品的成功之处，就在于与众不同的制作工艺。它们挖掘了烹饪的精髓，将"蒸"的烹饪方法发扬光大。还利用高科技手段研制出"电脑程控蒸汽柜"，加工起来更加高效率。为了形成与美式快餐不同的特点，它们在自己的品牌定位上，打出了"坚决不做油炸食品"的大旗。在环境危机日益加重、人们健康意识不断提高的情况下，人们对"烤、炸"食品普遍存在担忧心理，这一定位必然得到消费者的认可。

当然好的产品，最重要还是产品的功能，很多企业也在这方面打造产品的与众不同。王老吉原本是区域性的中药凉茶，和其他凉茶差别不大，而且与可口可乐、百事可乐这样的饮料相竞争，也没有多大的优势。在加多宝的运作下，发现了它的与众不同之处，重新为其定位为饮料。但是与其他饮料比起来，它的与众不同就是可以预防上火。"上火"是人们可以真实感知的亚健康状态，而且"降火"的市场需求也日益庞大。而王老吉凉茶的"预防上火"和"降火"功效，是其与众不同的优势。更为夸张的是，有的消费者甚至上火了也会喝杯王老吉，把它当作药物服用。就是这个与众不同的地方，让王老吉畅销全国。

当然，如果以上优势你都没有，也不用着急，我们还可以像海底捞火锅连锁店学习。每一个到海底捞吃饭的消费者，都会有这样的感受，它们的服务简直太贴心啦！海底捞的管理层也在改善服务水平上下了不少工夫。因为餐饮企业属于劳动密集型的企业，而客人的需求又五花八门，仅仅依靠流程和制度培训出来的服务员最多只能算是及格。因此提升服务水准的关键不是培训，而是培养员工的服务意识，增加员工的归属感。从而变被动工作为主动工作，变"要我干"为"我要干"，让每个顾客从进门到离开都有到家的感觉。"海底捞"正是凭着这样与众不同的服务，旗下迅速发展到30多家连锁店，同时也给企业带来丰厚的回报。

通过这些案例不难发现，一个企业要想打造成功的品牌，必然要寻找与竞争对手产品的不同之处，只有这样才能吸引眼球。当然，要想差异化定位成功，仅仅选择差异化因素是不够的。与众不同不代表无厘头，还必须检讨差异化的因素能不能为顾客、特别是目标顾客创造价值，从而吸引其购买。如果你没有能力，要想打动顾客只能采用降价的方式。如果你没有超越竞争对手的成本控制能力，运气好可以获得些许利润，一有风吹草动就会陷入亏损的境地。

不想堕入这种境地的话，就需要观察一下你的产品，在顾客心目中是否已经具备预设的差异化卖点。大部分顾客不是专业人士，他们的选择也会有很大的差异性，我们要做的就是满足大多数消费者的这种差异化要求。如果你认为你的差异化因素还不够突出，就应该开动脑筋，利用大胆出位的传播方案将自己的优势打造出来。

## 第二节　品牌的打造，其实就是产品以及企业个性的打造

个性是特殊境界的凝聚，是持续内涵的外在表现。在这样一个个性张扬的时代，追求、突出和发展自己的个性具有特殊的意义。对于企业来说也是一样，在现在市场经济高速发展的情况下，除了少数拥有核心技术的高科技企业能够因产品的独特性而给竞争对手制造坚固的壁垒外，大部分企业都深陷产品高度同质化的泥潭之中，无法在产品方面与竞争对手真正拉开距离。要想脱颖而出，打造自己的品牌是市场竞争的必由之路。品牌打造也被很多企业上升到战略的高度，一些颇具实力的品牌已经取得了一定的优势地位。

这样就造成了同样的问题,各品牌形象雷同,差异化不明显,缺乏品牌自身独特的个性,这时候品牌的打造就出现"瓶颈"期。很多企业不知道如何突破"瓶颈",认为打造品牌就是加大广告投放,以量取胜,广告表现也没有创意,这是典型的粗放式品牌打造方式。企业必须改变粗放的品牌创建方式,重新审视品牌,由品牌的表层符号传达深入到品牌创建的深层,塑造品牌个性,将品牌个性的塑造视为品牌创建的重要一环。

品牌的打造,就是突出其个性。什么是品牌的个性?品牌个性就是品牌的独特气质和独特文化内涵。品牌的独特气质和独特文化内涵,又得通过品牌的载体——产品(服务)和企业文化表现出来。所以我们认为,品牌个性的打造,其实就是产品和企业个性的打造。

前面也反复讨论过,品牌打造需要产品或服务作为基础。只有好的产品和好的服务,才能真正给消费者带来利益,使其成为忠实顾客。但是在产品日益高度同质化的今天,光有产品的高质量显然不够。要想脱颖而出,我们就需要开发新的东西,那就是突出产品的个性。在买方市场逐渐成为趋势的情况下,消费者往往乐意购买具有个性的产品。个性的产品能够触发消费者的潜在动机,将消费者内心深处的感受与品牌价值及其所倡导的理念完美契合。没有鲜明个性的产品,打造出的品牌也只能是同质化的品牌、形象雷同的品牌。这样的品牌,只能波澜不惊地被淹没在市场的汪洋大海中。

瑞典著名汽车品牌——沃尔沃的产品个性就是安全。多年来,沃尔沃汽车为了打造品牌,在汽车安全方面进行了矢志不渝的努力。1959 年第一个给汽车安装安全带,1972 年首创并为汽车安装安全气囊,2001 年又推出新一代的安全概念车。就这样一步一步地,沃尔沃汽车把自己产品的个性突出再突出。此外,沃尔沃汽车也在不失时机地强调其产品安全的个性。在英国戴安娜王妃乘坐奔驰汽车因交通事故去世的第二天,沃尔沃就发表题为《假如戴安娜乘坐的是沃尔沃，结果将怎样》的文章。文章全面阐述了沃尔沃汽车的安全个性，并与奔驰做比较，得出的结论是：如果戴安娜王妃当时乘坐的是沃尔沃汽车，她就没有生命危险。消息一出，沃尔沃的销量呈直线上升状态。也因为沃尔沃汽车安全这一个性贯穿于营销始终，演绎着它"可信赖的、可靠的、安全有保障的"品牌个性。

品牌的打造，也就是独特气质和独特文化内涵的打造，离不开企业的个性打造。企业也像人一样，要体现出不同的个性。大量事实证明，越是成熟的企业越是具有鲜明的个性，并以这种个性使自己与其他企业区分开来。如果说一个人是否成熟，可以用是否形成了稳定的个性来衡量，那么企业也适用此理。一个企业是否成熟，品牌是否深入人心，不在于生产什么，生产多少，而在于为何生产，怎样生产。正是后者，使一个企业与其他企业区分开来，展示着自己特有的存在价值。反过来可以说，没有个性的企业是不成熟的企业，品牌自然也很难打造成功。

例如，华为是全球最大的电信网络解决方案提供商，全球第二大电信基站设备供应商，全球第二大通信供应商，全球第三大智能手机厂商，也是全球领先的信息与通信解决方案供应商。取得这一切的成就和华为的企业个性——狼性文化是分不开的。华为的狼性表现，从华为公司与港湾公司之间的竞争就能够管窥一二。这次竞争发生在两个原来情同父子的华为领军人物之间，华为总裁任正非和华为原副总裁李一男。李一男27岁就成为华为最年轻的副总裁。2000年11月，李一男离职创业，在北京成立了港湾网络公司。2003年1月，思科对华为的知识产权诉讼引起轩然大波，逼迫华为再次发力数据通信市场。这时的港湾公司发展得不错，年销售收入达10亿元，在宽带IP产品市场占有率达7%~8%，而华为只有10%~15%。由于两者之间的全面竞争态势，2004年华为成立了"打港办"，其目的就是"只要有港湾参与的竞标，无论多低价格都拿下，不惜为客户提供免费服务，目的只有一个——逼死港湾！"双方开始惨烈竞争。2004 年港湾因为匿名邮件，引发了"虚造业绩"、"资金链断裂"等诸多流言，导致大批员工离职，港湾到 NAS-DAQ 上市的计划流产。2005 年，华为以提出知识产权诉讼施压，致使西门子放弃对港湾的收购计划。2006 年 5 月，在毫无征兆的情况下，华为将港湾高价收入囊中。

从这一竞争事件中可以看出华为的企业个性与行为风格：不惜一切把竞争对手置于死地。从曾经支持李一男创业，到后来市场上"刀刀见血"，再到最后被迫的"第二次握手"，体现了华为对异己的遏制之狠，行动的狼性特点体现得淋漓尽致。

就是这种狼性的企业个性成就了华为。华为内部有一句名言："为了市场销售的增长，公司所做的一切都不是可耻的。"

企业贵在有个性，只有与别的企业保持差异的企业文化，才有竞争力。当然品牌个性不是一成不变的，品牌个性要根据企业经营理念的调整与市场消费导向的变化，而进行优化和扩展。扩展品牌个性的有效途径，是创造品牌的"超凡魅力"。超凡魅力是品牌个性的升华，它可以使品牌获得巨大的差异优势和溢价能力。品牌的超凡魅力一旦形成，品牌的形象就大为改观，品牌价值就完全不同。但是，创造超凡魅力绝非易事，它需要企业在产品以及企业个性打造方面，付出巨大而持久的努力。

## 第三节 认识清楚什么是品牌个性

每个人都有自己独特的性格。品牌就像人，也具有性格，具有个性，具有特殊的文化内涵和精神气质。品牌与人有很多相似之处，例如，它有外形、有文化、有性格，甚至还有隐私和寿命。品牌之所以成为品牌，必须有和其他企业不同的地方，也就是具有差异性。只有这样才能牢牢地吸引消费者，使人印象深刻，过目不忘。品牌的"个性"不是简单地指品牌独特的差异性，而是说当我们把品牌想象成一个人时，这个"人"应该有独特的性格特征，是内向还是外向？是前卫还是典雅？是富有激情还是沉着稳重？是青春靓丽还是成熟性感？除此之外，也可以说品牌个性是品牌展现出来的一种性格，它可以实现消费者的自我情感表达。满足消费者的精神需求，是品牌与消费者之间的感情联结，是企业与消费者建立感情关系的重要工具。

由于个性的差异，人们有各自的主张和选择，按照各自的喜好和个性选择自己喜欢的品牌。这就创造了一种需求，要按照消费者需求，打造不同个性的品牌。越来越多的企业家认识到：品牌的灵魂是个性，品牌个性可以延长产品的生命周期。一个没有个性的品牌，就如同没有灵魂的躯壳在漫无目的地游荡，不可能有持久的生命力。

当然，品牌个性不等于品牌形象。品牌形象比品牌个性的内涵更广，它包含品牌个性。品牌形象是指人们如何看待这个品牌，品牌个性则是品牌的人格化表现。从与消费者的沟通来看，品牌个性又是沟通的最高层面。人们往往是先从标识到形象再升华到个性，形象只是造成认可，而个性则可以造成崇拜。一个产品的沟通如果能做到品牌个性层面，那么它在消费者心目中的形象是极其深刻的，与消费者的沟通也算是极其成功的。

"万宝路"就是一个极具个性的品牌。万宝路香烟就是一个将产品品质与感性特点联结成简单、有利的个性品牌，同时将品牌元素融合在一起的典型案例。那么，万宝路香烟是如何实现从标识到形象再到个性的打造呢？

从万宝路最表层的东西说起。它最外面的一环包括万宝路产品及其包装等特征，以及万宝路运动等一些实实在在的事物，消费者可以感受得到这些东西非常重要，它们是"万宝路"品牌的物质基础，根基所在；如果没有这层根基，其形象与个性就成了无源之水、无本之木。万宝路的这个基础，是一层扎实、优秀的基础。万宝路香烟的标识——红色 V 形设计是当今最成功的商品包装之一，不需要任何文字或名称，人们一看到 V 形设计就知道是万宝路香烟。这个标识简直就是万宝路的形象代言人，极其吸引眼球。当然万宝路的沟通也不只是徘徊在最外面的这一环。为了实现更好的沟通，万宝路品牌开始向形象和个性发展。通过各种沟通方式，万宝路树立了自己的形象——自由、野性与冒险。莫里斯公司通过选择万宝路的象征物牛仔，来达到这一沟通目的，使万宝路的形象如同美国西部牛仔的形象，植根于人们心中。这种形象是稳固的，同时又是无形的，是人们被万宝路宣传长期感染和对其产品的长期印象而逐渐形成的。当然，使得万宝路品牌深入人心的，就是品牌个性的打造。标识是基础，形象是纽带，个性才是最重要的和最核心的。

万宝路具有怎样的个性呢？对男人的力量、独立个性的彰显，正是万宝路与其他品牌截然不同之处，是万宝路形象最独特之处，也是万宝路沟通达到的最高境界。万宝路男人的形象，是通过美国西部牛仔建立起来的。但是万宝路是面向全世界的品牌，西部牛仔在美国以外的地区不一定被了解，也不一定受欢迎。牛仔只是一种表现形式和方法，并不是万宝路形象的实质。因此，万宝路就把其形象与当地人们熟悉的人和事物联系起来，以达到宣传万宝路个性的目的。例如在中国，足球队员具体的精神恰好吻合了牛仔的形象，"1995 年万宝路甲 A 足球联赛"就牵动了多少中国男人的心。1996 年万宝路继续改变个性宣传方式，赞助了"万宝路贺岁锣鼓比赛"，这又着实敲出了中国男人的大丈夫气概。锣鼓喧天的气势，恢弘的真实场面，粗犷的西北汉子，红得夺目的基调，都是中国男人大丈夫气概的体现。当你看到鲜红的背景颜色，你肯会想到万宝路的红色 V 形包装设计；当你看到来自中国广袤西北大草原的男性鼓手，是否也会让你联想到美国西部的牛仔呢？这样，万宝路香烟男人形象的品牌个性就再次在中国烟民心目中扎根了。

## 第四节　品牌个性不等于另类

我们反复提到，品牌的个性和人是一样的，每个人都有拥有个性的权力。但是这种个性绝不能像大街上的一些非主流，为了彰显自己的个性，崇尚一些假、恶、丑的思想，穿着奇装异服，染着五颜六色的头发，虽达到了吸引人们眼球的目的，可是并不能让常人接受，甚至引起大家的反感。内地企业尤其是湖南企业，这样的个性表现还真不少。走在长沙的大街小巷，从槟榔到食品饮料，从商店到酒店，都是另类的名称、另类的形象、另类的个性，估计全天下就数湖南人最有创意了。但是这些另类的创意不具备朴实价值观的个性和形象，很难让人接受，甚至引起人们的反感，湖南品牌越来越少的现实，就给了这些另类创意当头棒喝。品牌个性的打造也是一样，品牌创造者应该重视品牌实体物质要素的完善，使其各方面的物质要素不断跟随并满足品牌受众的需求，达到标新立异的效果。只有这样的品牌才不至于落伍，而被发展的市场接受。

品牌就应该与众不同，但是不可以另类，与其他品牌都不相容，那样只会成为孤家寡人遭到排斥，被市场的大洪流所吞并。有的品牌创造者认为，别人品牌所具备的要素我就一定要力争避免，绝不与别人有雷同。其实这种观点是错误的，它忽视了共性和个性的辩证关系。任何个性都要建立在共性的基础之上，只有具备共性才谈得上个性。当一种新的个性被广泛吸收，变成大多数品牌的个性时，自然而然就变成共性了。只有在这个基础上，再去寻找那些适合社会发展和市场需要的其他品牌个性，并加入到你的品牌之中，你的品牌个性建设才算成功，才能使自己的品牌处于领先的位置。

随着品牌之间竞争的加剧，凡不是实行"闭关锁国"思想的企业，品牌就处于一种相互渗透和相互融合的趋势。别人在学习你好的品牌个性，同时别人好的品牌个性也在影响着你。它们的物质要素趋于相同，尽管永远不可能完全一样，但从运动的观点来看，却是永远趋于相同，总会有一个交合点。举个最简单的例子，电视机厂商的各个品牌，起初都生产黑白电视机。如果有一个品牌生产出了彩色电视机，彩色电视机必然会对市场有一定的冲击力。因为它符合社会和市场发展需求，其他品牌为了赢利自然也会相继推出彩色电视机，这个时候你的个性就被共性吞并，你需要继续创造。当大屏幕高清晰的物质属性被你的企业创造并拥有的时候，这种物质属性也会被其他彩色电视机品牌汲取和丰富，从而使得这种个性迅速变为各个品牌的共性，还得继续发展。其实品牌个性的打造就是这样一个过程，每一个品牌个性的打造都要以品牌共性为基础，一味地追求与众不同，不去把握品牌的共性所在，就很难被社会所接受。

在打造品牌个性的时候，品牌操作者必须注意以下几点：

## 一、重视吸收其他品牌的个性

清王朝因为闭关锁国，故步自封，夜郎自大，才造成了中国近代的屈辱史。企业品牌个性打造也一样，我们要努力把其他品牌符合社会和市场需要的个性要素化为己有，使之成为品牌新的共性。一定要防止和杜绝固步自封、自高自大的心态，真正地向竞争品牌学习。三人行必有我师，当别人的优点成为你的优点，再加上本身的优点，你的优点就是最多的。取众人之长成己之长，也不失为一种好方法。

## 二、努力创造出自身的新个性

当然，最先尝到甜头的，是那个最先去吃糖的人。我们也不能满足于品牌共性的拥有，我们还要力争标新立异，那就是个性的创立。个性的创立来自两个方面：一方面在竞争对手个性的基础上进行创新，同中求异。当然，并不是任何个性的创新都是好的。但是没有个性的创新肯定是不好的，只有创新才能塑造出好的新个性。另一方面根据市场的需要和社会的需要，并结合本身的资源条件（包括科技、文化等要素），独立自主地创造出领先其他品牌的独特个性。这种品牌个性的创造，常常能够吸引更大的注意力，并能带动和影响其他品牌。所以，品牌个性的创造主要应在第二个方面发力。

## 三、处理好新个性和旧个性的关系

有些旧个性是明显不符合社会市场发展的，那就应该与之彻底诀别，例如粗放型的制造业产品中的黑白电视机，其产品个性已经明显落后于社会市场需要，不会出现反复，我们应该彻底抛弃掉。但有些旧个性也可能会隔一段时间重新获得社会市场的认可和需要，成为新个性；或者原本就是一种长期符合社会市场需要的个性，不过由于存在得太久或更新个性的出现而沦为旧个性，这样的旧个性就应该保留，它是一种文化的沉淀。而对于新个性，也要辩证地看待。有些新个性虽然很新，但却不能符合社会市场的需要，对品牌的塑造没有帮助，只能砍掉。这就是我们反复提到的可以有个性，但不可以太另类。太另类的东西不符合社会市场需要，只有符合社会市场需要的新个性才能充实品牌。

对品牌个性的塑造应当坚持的原则是，既要追求新奇特的创新标尺，更应该遵循真善美的价值标尺。

# 第五节　找到自我品牌个性的来源

品牌个性作为品牌的核心价值，是品牌力的重要组成部分，所以塑造品牌个性是每一个企业品牌管理人员的重要任务。品牌个性的形成是一个长期和艰巨的过程，需要我们长期有意识地进行培育。它的形成大部分来自情感方面，只有一小部分来自逻辑思维方面。每个产品一开始只有物理特征，企业品牌管理人员给了它名称、标志、包装等，有了识别它的符号。但在生产、使用、传播中，生产企业又给予它一种人格化的特征暗示。这种暗示由于与人的个性具有相关性，逐渐被人接受，就形成了品牌个性。品牌个性可以来自与品牌有关的所有方面，以下是品牌个性来源的几个重要方面：

## 一、产品自身的表现

产品是品牌的物质载体。随着企业产品本身的发展，品牌逐渐广为人知。产品本身可以向消费者提供功能利益、情感利益和自我表现利益，是形成品牌个性的主导力量。

"英特尔"的 CPU 产品以极快的速度推陈出新，该公司的创新品质形成了"英特尔"最重要的品牌个性，使得电脑用户趋之若鹜，造就了"英特尔"巨大的品牌价值。瑞士劳力士品牌手表的个性是精确创新，"劳力士"为此也在不断努力，完善自己。它研究的方向有两个：防水与自动。1926年，第一只防水、防尘手表问世。1929 年的经济危机打击了瑞士经济，但"劳力士"此时制造出了风靡一时的"恒动"型表，给钟表业带来了一场革命，手表成为所有自动手表的先驱。1945 年，又推出能用 26 种语言表明日期和星期的手表。为鼓励创新，劳力士公司设立了企业精神奖，每 3 年颁发一次，奖励那些在应用科学、创造发明、探索研究、科学发现和环境保护方面做出杰出贡献的人士。这些都为张扬劳力士品牌精确、创新的个性，奠定了基础。芭比娃娃之所以能风行全球 40 余年，与其个性鲜明而且不断创新的产品是分不开的：20 世纪 50 年代，芭比是个能说会道、喜爱交友的女孩；20 世纪 60 年代，芭比细眉轻弯，平民个性突出；20 世纪 70 年代，出现不同肤色的芭比；20 世纪 80 年代，黑色的芭比显得可爱，而且有不同的职业装；到了 20 世纪 90 年代，芭比飞指敲击键盘，灵性十足。总之，品牌的个性要以产品的特征为基础。如果品牌个性是创新，那么其产品和服务就必须真正具有创新性。

产品包装的意义开始主要在于对商品的保护作用，提供便利，方便消费者携带、使用和保管，其实包装还有其他重要的意思。包装很容易直接凸显品牌个性和产品特色，就像一个人的穿着打扮可以反映和强化其个性一样。包装还是无声的推销员，具有刺激消费者购买欲望的无形力量，例如大红色包装的王老吉。

产品包装是品牌的缩影，可以体现品牌个性，展示品牌形象。瑞典的绝对牌伏特加，20年来一直是引导时尚消费的经典品牌。它定位于尊贵、时尚，目标消费群是富豪、艺术家、影星、社会名流，自称是"艺术名流"的酒。其永恒的个性化包装，是对这一品牌个性和品牌形象最好的诠释；短颈圆肩的水晶瓶，完全透明，没有传统纸质酒标的绝对牌伏特加，消费者感触到的是纯正、清爽、自信的伏特加。其酒瓶不仅仅是一种个性化包装，更被人视为艺术珍品。

产品的价格也可以反映品牌定位，暗示品牌个性。高价位的品牌往往会被认为是富有的、奢华的、势利的、上层社会的，例如劳斯莱斯、奔驰、路易十三极品葡萄酒；低价位的品牌会被认为是朴实的、节俭的、平民化的、低档的，例如比亚迪汽车、牛栏山二锅头。下面这个例子，反映了女性时装市场上的不同品牌特征所对应的价格策略。

A品牌：独一无二的时装品牌——溢价策略；

B品牌：领导潮流的高档品牌——高价策略；

C品牌：顺应潮流的优质品牌——中等价格策略；

D品牌：提供实惠的大众品牌——低价策略。

## 二、使用者形象

还有的品牌个性来源于消费者。由于一群具有类似背景的消费者经常使用某一品牌，久而久之，这群消费者共有的个性就被附着在该品牌上，从而形成该品牌稳定的个性。试想一下，一般老百姓很少有人会自掏腰包去购买人头马、白兰地，就算广告做得再好、再铺天盖地、再深入人心，对他们都无济于事。虽然也有人喝，但那是极少一部分。人头马、白兰地品牌形象的重要特征之一，就是身份和地位的标志。那是有钱人的酒，只有有钱人才会钟情于它。这些有钱人喝这些酒，又暗示了人头马、白兰地尊贵、奢华的品牌个性。再如摩托罗拉，它是最早开拓中国市场的手机品牌，所以那个时候用手机的基本都是成功的商务人士。于是摩托罗拉公司的系列手机广告，也都以成功的商务人士作为形象代言人，来强化这样一个个性。渐渐地，商务人士的共同行为特征就凝聚在摩托罗拉手机上，形成了充满成功、自信、注重效率的品牌个性，与其他手机品牌区分开来。

但也有企业没有认识到这一点。"万宝路"消费人群大部分都是男士烟民，所以它的宣传目的应该是突出男子汉气概的品牌个性。但是"万宝路"却急于当女性烟民的"红颜知己"，从其名字我们就能管窥一二。万宝路的英文名 Marlboro 是 Man Always Remember Lovely Because of Romantic Onlyde 的缩写，意思为"男人总是忘不了女人的爱"。万宝路还把香烟的烟嘴染成红色，这种竭力想吸引广大时尚女性的做法，最后让万宝路的销售蒙受损失。直到 20 世纪 60 年代初，公司请来了利奥—伯内特广告公司为"万宝路"作广告策划，它们看到"万宝路"的消费人群是男士，这些消费者的个性自然就赋予到该品牌之上。只需要稍加宣传，巩固这一个性就能获得消费者的肯定，打造个性鲜明的品牌。于是菲利普·莫里斯公司投入巨额广告费，在人们心目中树起了"哪里有男子汉，哪里就有万宝路"的品牌形象。那粗犷豪放、自由自在、纵横驰骋、四海为家、无拘无束的牛仔，代表了在美国开拓事业中不屈不挠的男子汉精神，而这也正是"万宝路"的形象。"万宝路"被人格化了，其个性是——自由、野性与冒险，自此万宝路品牌才享誉全球。

## 三、品牌代言人

赵本山所做的太极牌藿香正气液这则广告给大家的记忆都很深。通过这个广告，我们对太极集团也更加熟悉了。为什么太极集团的品牌个性打造会如此成功呢？可能有人会说，是因为赵本山的诙谐、幽默将"液"字谐音化。是的，这确实是一方面的原因，也只有赵本山能够做到这个效果。从深度上讲，太极集团的成功还有另外一个重要的原因。我们都知道，全国各地基本上家家都必备藿香正气液，大人、小孩不仅用它解暑，哪怕头痛腹痛都喝它，这就决定了藿香正气液平民化、朴素、大众的品牌个性。藿香正气液的这种特性恰恰和赵本山的小品一样，是不分地域、四季皆宜的佳品，非常贴近百姓。品牌个性与代言人个性准确对接，才会产生传播识别的同一性，有效地树立和强化该品牌在公众中的独特位置。可以看出，太极在这一点上做得是非常出色的。

借助名人的个人魅力和形象打造品牌个性，在这一点上，耐克公司是做得最为出色的一个。耐克公司总是不断地寻找代言人，从波尔·杰克逊到迈克尔·乔丹，从查理斯·巴克利到肯·格里菲，耐克一直用最著名的运动员作为自己的品牌代言人。这些运动员阐释了耐克"JUST DO IT"的品牌个性，迷倒了众多青少年。

百事可乐在这方面做得也非常成功。它将自己定位于"新生代的可乐"，通过不断地变换代言人来树立"年轻、活泼、时尚"的品牌个性。在美国本土，有迈克尔·杰克逊和小甜甜布兰妮等超级巨星作为其形象代言人；在中国，继邀请张国荣和刘德华做其代言人之后，百事可乐又力邀王菲、郭富城、周杰伦、郑秀文等加盟，将百事可乐"独特、创新、积极"的品牌个性演绎得淋漓尽致，赢得了无数的年轻消费者。

## 四、象征符号

象征符号对品牌个性有很强的影响力和驱动力。象征符号除了标志和其他识别符号外，对品牌形象的个性塑造，选择能代表品牌个性的象征物往往也很重要。好的象征物可以赋予品牌以生命，可以与消费者对话，进行情感交流，进而互相成为忠实的朋友。象征物通常有四类：人物、动物、植物与卡通。例如，家乐氏糖霜玉米脆片的象征物"老虎托尼"，传达了可靠、有趣、可口、美味的个性；中国信托商业银行以鲸为象征物，传达了憨厚、忠诚的个性；樱花卫厨以一只白色身体、黄色嘴巴和脚趾、黑色翅尖和尾巴、身穿樱花红色马夹、举起右翼向消费者敬礼的候鸟信天翁，象征了品牌真诚、友善、信守承诺的个性。

象征符号也不适宜经常变化，只有长期不断地坚持运用，才能深刻体现品牌个性。例如，美国的老牌汉兹公司有一个著名品牌叫斯达基，它的主要产品是罐头鲔鱼，它的象征符号是卡通人物鲔鱼查理。多年来，这家公司的广告主题都有鲔鱼查理想尽办法要被渔夫捕到，好一圆它变成斯达基罐头的美梦，但它的计谋每次都以失败而告终，因为只有最好的鲔鱼才有幸入选。在多年的电视广告中，一句"抱歉啦，查理"的旁白，成为人们朗朗上口的俗语，鲔鱼查理也非常深入人心。

## 五、广告

广告有助于塑造品牌形象，显示品牌个性。不同的广告主题、创意和风格，是否能充分显示品牌个性，会产生不同的广告效果。绝对牌伏特加的广告创意和风格，绝对独树一帜。多年来绝对牌伏特加始终坚持在平面广告中采用"标准格式"——以怪状瓶子的特写为中心，下方加一行两个词的英文，总是以"Absolut"为首词，并以一个表示品质的词居次，如完美或澄清。在表现题材上，与产品、城市、物品、艺术、口味、节目、服装设计、欧洲城市、主题艺术、影片与文字、时事新闻等相结合，与视觉关联的标题措辞与引发的奇想，赋予了广告无穷的魅力和奥妙。现在它的品牌个性已十分鲜明：时髦、独特、风趣、现代、年轻。雀巢"奇巧"的广告创意始终带着幽默，其品牌不断给传达消费者一个休闲、轻松、幽默的个性。

## 六、品牌的创始人

具有独特个性的企业领导人，会把自己的个性转移到品牌上，作为社会公众人物的领导人更是如此，这是形成品牌个性的一个重要来源。联想集团总裁柳传志在中国家喻户晓，他身上一些独特的个人魅力就被传递到联想品牌上，从而形成了联想的品牌个性。海尔集团总裁张瑞敏诚恳、儒雅、睿智的个性，无疑影响着人们对海尔品牌的看法。还有微软总裁比尔·盖茨、通用电器前总裁杰克·韦尔奇等。

香奈儿是迄今为止最具影响力和反叛精神的时装设计师。她的服装设计往往超越了服装的思想，超越了时尚的概念，她对服装核心功能的准确把握，使她的服装设计风格得以延续。她提出最著名的观点就是：奢华和高雅的极致是简洁。追溯香奈儿品牌的发展历程，其实就是追溯品牌设计师香奈儿的一生。因为香奈儿品牌的前 60 年，从未与香奈儿本人传奇式的人生分离过。她的社会地位、她的言行举止、她的时尚风格、她的个人魅力，吸引了法国乃至全世界最核心消费人群的注意，使她所创始的这个品牌也一样得到全世界的关注，她的整个生命历程，其实就是香奈儿品牌最直接、最持久、最有效的广告运动。有人这样评价，香奈儿本人就是香奈儿品牌，香奈儿品牌也就是香奈儿本人，而香奈儿品牌和香奈儿本人都融入香奈儿式的生活方式和风格中。

因此，品牌个性是一个品牌最有价值的东西，它可以超越产品而不容易被竞争品牌模仿。

# 第六节  品牌个性的创建方法

随着产品同质化现象越来越严重，塑造品牌个性可以让自己的品牌区别于其他品牌，获得特定消费者的认同与崇拜，品牌个性的定义就是将品牌人格化。但是真正打造起来，可不是这么简单的事情。因为品牌个性的认知，会受消费者与品牌直接或间接的联系方式的影响，即品牌个性主要有直接和间接两大表现形式。首先是品牌本身的产品服务、品牌使用者的形象、品牌生产者的形象以及品牌推荐者的形象，可以让消费者感知品牌个性。其次是品牌个性主要通过与产品有关的一些细节要素，来间接地让消费者感知品牌个性。

## 一、企业独特的文化

现在很多企业家都普遍重视企业文化建设。但是企业文化建设毕竟只是一门刚刚兴起的企业管理科学，诸多企业尚处在探索阶段，企业文化建设的雷同、模仿等现象屡见不鲜。企业文化建设中，一个重要的方面就是品牌文化。企业文化建设没有特色，品牌文化也就没有特色，没有鲜明的个性。那么人们就不会知道这个品牌和那个品牌之间的区别，也就不会了解这个企业或这个产品与那个企业或那个产品之间的区别，品牌文化建设也就失去了目的。所以要想打造个性化的品牌，就要先关注企业文化的独特性和个性化建设。

建设企业的独特文化，应该注意以下几点：

第一，企业所在的行业。企业所在的行业决定了企业文化的差异，这种差异是企业文化个性化建设的依据。在建设企业文化的时候，我们要认真分析行业情况，善于发现和抓住与行业内其他企业的区别，这是企业文化个性化建设的出发点。

第二，企业生产的产品。在生产相同产品的企业中进行企业文化的个性化建设，存在着很大的难度，容易雷同。因此在企业文化建设中，我们要围绕自己的品牌进行。要发现自己的品牌的优点，找到与虽然产品相同、但是不同品牌之间的差异性，我们可以从品牌的其他方面去寻找。我们都知道，产品虽然是品牌的核心，但不是品牌的全部，品牌已经延伸到包装和售后服务等要素的层面上。我们就从这些方面下手，这才是企业文化个性化建设的核心所在。

第三，企业的历史沿革。不同的企业都有不同的发展历史，有的企业是百年企业，有的则是刚刚兴起的新锐力量，有的是军工转民的，有的是科研转民的，有的是白手起家，有的是祖祖辈辈传下来的，有的是国有的，有的是民营的。我们在企业文化的建设中，要善于发现和挖掘蕴藏在企业中的、真正属于自己的东西、精华的东西、有特点的东西，进行整合、塑造。

第四，企业所在的地理位置。由于历史、经济、文化、风俗的不同，每个地方都会形成自己的特色，企业建造在这里，也会有个性上的差异。例如德国人的严谨、以色列人的顽强、法国人的浪漫，这些个性上的差异也会影响在这个地方成长的品牌。所以，法国的时装和香水最好，汽车和电器用德国制造的最放心。我们就可以利用这一企业所在的地理位置，树立自己的企业个性。例如，孔府家酒产自孔子的故乡曲阜，这就使人相信，这种酒是最具中国文化特色的。

## 二、产品的外观设计

品牌个性建立是依托于产品、包装、企业文化和员工等多种载体的综合表现。其中包装被称为"无声的推销员"，它是消费者在终端所见到的最直接的广告，是产品在货架上的形象代言人。它所进行的是一对一的直接沟通，更应该体现出品牌的个性、亲和度以及美誉度。好的包装在第一次亲密接触就能够产生好感，最终影响消费者购买的决策。通俗地讲，品牌认同消费者，广告吸引消费者，终端包装则打动消费者。所以我们不能再仅仅把产品的包装理解为保护产品和提供便利，它还可体现不同的品牌个性。产品的包装肩负着在市场激烈竞争中打开品牌突破口的责任，为企业建立自己独特的品牌个性，并创造新的经济增长点，同时维护品牌形象和抢占消费者心智。

笔者在全程策划公司内部刊物《全程九论》中这样描述包装设计：包装设计的最高境界是让产品自身会说话，自身会走路。全程认为，包装设计应以战略为导向，以销售为目的，以消费者的行为习惯、生活方式、价值观等为出发点。否则，就是美学和艺术对商业的犯罪。

优秀的包装设计，可以使消费者联想到优秀的产品品质和鲜明的品牌个性。可以这样说，消费者对一个品牌包装感觉的好坏，将反映为消费者对品牌个性知名度感知的强弱。而消费者对品牌知名度感知的强弱，将决定企业品牌价值，最终也影响企业经营价值。随着包装行业竞争的加剧，能否把个性鲜明的品牌核心价值，通过包装设计刻在消费者内心深处，与消费者的生活方式相吻合，是品牌营销胜败的关键。健康、优良的包装材料，独具匠心的包装造型，标志、图形、字体、色彩等各种手段的综合运用，都有助于品牌个性的塑造与强化。

例如柯达与富士胶卷的包装，一个以鲜艳夺目的黄色为标准色，一个以温暖清新的绿色为标准色。前者展现了品牌的温馨个性，后者体现出活力热情的个性。再如屈臣氏蒸馏水，设计了绿色的弧形包装瓶，其流线性的弧形设计不仅给顾客以视觉上的美感，更与其商品"流动的水"相呼应，而绿色也隐含着"绿色环保"的概念，唤起了新生代消费者的内心共鸣。再加上其瓶盖的杯型设计，简单而方便，深受顾客的喜欢。这一简单的包装折射出屈臣氏品牌背后的文化内涵，传达了其"时尚、优雅迷人、清新自然"的品牌个性。农夫山泉的运动瓶盖和"收腰"瓶身，彰显了它的运动个性。"雀巢"是我们十分熟悉的品牌，它的鸟巢图案标志是一个鸟巢，一只鸟在哺育两只小鸟，这极易使人联想到嗷嗷待哺的婴儿、慈爱的母亲和健康营养的育儿乳品，突出了"雀巢"对消费者的象征意义。这个标志在消费者心中注入了慈爱、温馨、舒适和信任的个性。茅台酒的华贵包装，正是其高贵、高档次的体现。具有强烈视觉冲击力的象征符号，是树立品牌个性的又一途径。"麦当劳"的金黄色"M"形门、万宝路香烟的红色V形设计、青岛海尔的"海尔兄弟"标识、"肯德基"和蔼可亲的老爷爷标识，对各自的品牌都具有良好的强化效果。

## 三、产品功能的创新

在激烈的市场竞争中，产品之间的同质化现象越来越严重，产品、服务、促销手段、销售渠道和新技术等都在同行业中越来越快地普及。在这种情形下，让自己的品牌在众多品牌中脱颖而出是十分困难的，此时产品功能创新是最有效的手段之一。

产品功能创新是通过各种创新方法，对产品原有功能进行改进、完善、提高、破除，然后形成新的功能。具有新功能产品的原材料、形状、外观、结构、重量等，也要发生各种变化。例如，中国老字号中药品牌"云南白药"，围绕止血这一核心功能，进行了一系列产品功能创新。除了云南白药贴外，还开发出喷雾剂和云南白药膏等众多止血类衍生产品，塑造出老品牌、新技术的产品形象。而"经典的、创新的"广告词，也把品牌个性演绎得淋漓尽致。

因为需求的本质是功能需求，市场的本质是功能市场，所以产品功能创新战略，要从用户需求出发，以市场定位为基础，以功能需求为核心，开发产品的新功能和新功能系统。这些功能都可以打破行业界限，改写固有的竞争模式，开创一片竞争对手相对较少的新市场空间。产品功能创新不限于产业和产品市场的区别，而是从功能需求看市场竞争，开创市场空间就是开创产品功能市场空间。

产品功能创新包括以下几种方法：

（1）产品功能集成创新。随着用户需求越来越广泛和功能实现手段的发展，许多产品的功能系统正向着多功能方向发展，单一功能的产品逐渐被淘汰。许多多功能产品的研制，都是使用产品功能集成法创新，这种方法是为了满足用户方便享用多种功能产品而扩大产品功能面。多功能集成产品是功能单一产品的有机集成。例如，"文曲星"学习机就是 MP3 播放器、移动硬盘、电子记事本、数码调频收音机、语音复读机、数码录音笔六种功能的集成。这些集成功能都属于产品的基本功能、用户必需的功能，而且这些功能没有主次之分，是多个首位基本功能。但是，多功能集成并不是单个产品的简单叠加，而是通过功能载体的巧妙构思设计，使功能集成产品具有一加一大于二的系统优化效果。

（2）产品功能专一化创新。包括产品功能专用化创新和独立模块化产品功能组合创新。先说产品功能专一化创新，实际上功能专用化和多功能化各有其适用性，功能专用化可以极大地提高这种功能使用的方便性，满足高水平功能的需求。例如，苹果公司发现，多功能随身听产品很多时候很多功能都没有使用。消费者往往需要一个操作简单，外形简洁时尚，能彰显品位，只收听更多更好音乐的产品。于是苹果公司就研制具有超大存储空间和简洁时尚的专业化产品 ipod，通过"在你的口袋里装一万首歌曲"的营销口号，使产品一上市便受到广大年轻人的青睐，尽管价格高昂，但是市场销量很大。

再来说独立模块化产品功能组合创新。现在有许多模块化组合产品，如组合机床、组合家具、组合音响等。模块化产品中的模板，一般是专门完成某一种基本功能的部件，其优点是可靠性更强，而且可以灵活组合，便于维修，易损部件制成模块后便于更换。因此，我们可以加强对独立模块化产品进行研究创新，实现专业化生产，这样既可以保证质量，又可以减低生产成本。

（3）产品标识功能创新。产品的标识功能可以成为产品的商品标志，是最能吸引用户兴趣、对用户有吸引力的"卖点"，也是产品广告语构思的核心要素，可以达到"一鸣惊人"的效果。所以在产品功能创新时，要注重产品标识功能的创新，使标识功能发挥独特的巨大作用。我们可从以下三个方面创新标识功能。

一是产品新颖功能创新。产品新颖功能是产品原有功能的扩展与延伸，一般属于基本功能的下位功能。这样做的好处，就是使老产品焕发出新形象，重新吸引用户。当然，这种创新也不是那么简单，它往往要依靠新技术和新方法的应用。例如，现在世界面临石油危机，油价高涨，污染严重，太阳能汽车的发明似乎已经成为大势所趋，而且也可以最大限度地吸引消费者的眼球。但是我们必须要注意一点，就是汽车所用的太阳能电池技术要成熟，否则太阳能汽车很难取代传统汽车。

二是特色功能创新。产品的特色功能创新和产品新颖功能创新是不同的。特色功能创新就是将其他产品的功能或载体，创造性地移植到本产品中，变无关为互补，化平凡为神奇，形成产品的特色功能。例如，2006年趋势科技在北京发布的全新个人安全产品——趋势维 C 片，集防病毒和存储两大功能为一体，实现了电脑防病毒与存储两种功能的满意结合，是特色功能创新的代表性产品。

三是高附加值、高品位功能创新。在产品功能创新中，通过技术手段或其他创新方法，提升原产品功能的附加值和功能品位。高附加值、高品位功能创新，主要具有高新技术、高稀缺性、特殊象征、奇特性、名人效应、名牌效应、高档更新换代等诸多特点。通过附加值、高品位功能创新，可以使产品面貌焕然一新，重新唤起用户的需求，而且还能引起产品更新换代，开拓市场，满足用户更高水平功能的需求。例如，我国许多棉纺织品的出口往往档次较低，又因为棉花是紧缺资源，导致出口收益低，浪费宝贵的棉花资源。如果对棉纺织品进行附加值、高品位功能创新，利用相同的资源，生产高附加值、高品位功能、受国际市场欢迎的出口产品，就能扭转这种不利局面。

## 四、服务以及辅助设置的革命

假如你的产品功能、包装设计，都无法与同类产品产生太大的差异，在打造品牌个性方面起不到决定性的作用，那就要把目光转向其他方面。

首先是改变服务理念，来强化企业的个性。最典型的例子，莫过于丰田高档车的个性塑造。丰田车在征战欧美市场的多年时间，在当地消费者心目中的印象就是：级别低、价格便宜、质量可靠、技术不强的品牌。丰田车为了抢占奢侈车的市场，开发了"雷克萨斯"这一品牌。但是虽然定位是高档车，但是消费者并不认同。再加上虽然雷克萨斯的制造技术是高档车的水准，但还是略逊于欧美车。在这种境况下，丰田车看到欧美车的服务，虽然彬彬有礼但却冷若冰霜，于是以高档的服务水平来赢得客户，要求销售人员的态度是恭敬、谦卑、细腻。为了达到让顾客最满意的服务水平，"雷克萨斯"还专门派人去美国最高级的宾馆兹·卡尔顿酒店，进行所谓的"最高档服务"研修。就是通过最高档的服务，"雷克萨斯"确定了高档、奢侈的品牌个性，并迅速提升了欧美市场占有率，后来它的销售额排名第一位。

其次是加大公关赞助。非常有针对性的和连续性的公关赞助，对品牌个性的打造也有很好的辅助作用。还是以丰田汽车为例，因为它是世界顶尖运动 F1 赛事的赞助商，所以确定了其在欧美消费者心目中"大众平民"的品牌个性。即使 F1 赛事要耗费巨大的财力、物力，但是丰田始终不放弃赞助的机会。又如奥运会。奥运会是全球最盛大的体育赛事，这也是全世界几大企业巨头，如麦当劳、索尼、迪斯尼争当赞助商的原因。因为一旦成为奥运会的赞助商，不仅能够让全世界更熟悉其品牌，而且很容易给消费者留下"已经跻身于世界品牌之列"的印象。三星因为赞助奥运会，从一个韩国国内品牌跃升为世人熟悉的世界品牌，其"成功的、大胆勇敢"的品牌个性也被成功地塑造出来。

除了这些商业赞助之外，品牌积极介入慈善活动，也有利于塑造其鲜明的个性。例如，全球知名的雅芳公司，以"关怀女性"为己任，在全世界各地支持女性在文化、体育和经济等方面的发展。2005 年 2 月，雅芳向"中国癌症研究基金会"下设的"雅芳爱心基金"捐赠90万元。这是继2003年之后的第二次捐献，目前捐赠总额已经达到290万元。2005年3月8日，雅芳又在妇女节向上海市妇联捐赠了价值38万元的爱心产品和一万份乳腺健康保健宣传册。这也是继2003年以来的第三次捐献，捐献总额已经达到114万元。这一系列慈善活动，将雅芳与女人的健康联系在一起，使得"亲切、友好、负责、值得信赖"的品牌个性深入人心。

## 五、注意产品以及产品背后的故事

为了塑造品牌的个性，还需要挖掘产品本身的文化内涵和产品背后的故事。有些产品沉淀几十年甚至几百年的文化内涵，有的诞生的时间较晚，那么其品牌个性的塑造就需要符合这一实际情况。拿人来做比较，你要把一个年过八旬的老人塑造成一个叛逆、自我的形象，显然不太合适；你要是把一个十几岁的小孩塑造出伤感、迷人的形象，也是不合实际的。如果能够充分关注产品本身，塑造品牌个性才能够成功。

很多品牌有几十年或几百年的历史，这是人家的优势。例如法国顶级酒庄波尔多的拉图酒庄具有250年制作红酒、葡萄酒的历史。鉴于此，拉图酒庄给其品牌塑造了"经典的、奢华的、优雅的、迷人的"品牌个性，并使其进入全球奢侈品牌。中国白酒"水井坊"强调其有"600年历史"，绍兴"会稽山"黄酒宣传其为"250年来唯一持续经营及盈利的品牌"，"剑南春"的宣传口号为"千年酒业剑南春"，这些品牌个性的塑造方式和拉图酒庄有异曲同工之妙。当然，厚重的历史感容易塑造出品牌的文化内涵，也容易造成守旧、过时的负面影响。经常为品牌注入活力，使经典与时尚相融合才是解决之道。没有厚重文化这一优势的企业，是不是就无法塑造个性呢？也不尽然。美国名牌运动鞋锐步，虽然诞生时间晚，但其展现出"时尚、自我、个性"等，却与新新人类的自我意识相符，传达出新的价值观，折射出新生代的文化取向。

产品背后的故事是产品在发展的过程中，将其优秀的方面经过梳理总结出来，并且形成一种清晰、容易记忆又令人浮想联翩的传导思想。成功的品牌故事，对于品牌的个性有很好的塑造作用。之前我们提到品牌个性的来源，有一个就是企业创始人自身的个性和魅力所在。在产品故事当中，恰恰企业的创始人又是故事的主角。故事的主角，也是整个故事是否吸引人的关键。例如，苹果作为数码产品行业的翘楚，其品牌就呈现出鲜明的个性。众所周知，苹果公司前 CEO 乔布斯，是一个具有极强创造力而且热衷于技术的 IT 狂人，他创办苹果公司的波折以及如今苹果公司取得的成功，都是一段极富色彩的故事。因此，苹果的品牌故事是一个具有鲜明叙事特点的符号，这就铸就了苹果这一品牌个性的核心内容，同时也很容易使得人们对于苹果的品牌个性的认知与对乔布斯的认知重合。并且，品牌个性的独特程度与同行业其他品牌相比又有明显的差异性。

# 第六章 传播——品牌自驱力，让品牌说话的途径

## 第一节 传播，才能让品牌越飞越高

美国剧作家罗伯特·舍伍德1939年曾经说过："我们生活在这样一个年代——传播已具有令人无法置信的重要意义。人类有了一种新力量，它比一切暴君都更强大，这是集中起来的思想的力量，是由有力的话语激发出来的力量。"英国首相丘吉尔也曾经说过："第二次世界大战以后，各国清楚地认识到，通过传播进行的在心理上和精神上的兵不血刃的斗争的作用，绝不逊于正面战场的铁与火的对决。有效的宣传甚至能够起到枪炮难以起到的作用，达到'不战而屈人之兵'的结果。而在和平时期，宣传具有的作用更远非军事力量所能比拟。"时至今日，传播的力量的强大，发展的迅猛更是远远超出了人们的想象。

俗语云"酒香不怕巷子深"，但是现如今市场竞争日益激烈，"酒香也怕巷子深"。三流企业做产品，二流企业做品牌，一流企业做文化。在商品品

牌竞争时代，谁能率先树立良好的品牌形象，谁就能在市场竞争中取得优势。传播、宣传是为了提高品牌的知名度，提高品牌的忠诚度，激发品牌联想。然而仅仅有优质的产品和服务是不够的，只有配以良好的广告宣传，企业才能形成自己的品牌并使其丰满起来，从而使企业在波诡云谲的商海中永立潮头。

好的产品、好的理念，只有通过传播才能有更大的市场。前面论述了正确的品牌定位和富有创意的品牌设计对一个品牌的打造如何重要。假如没有品牌传播，前面的一切努力都是在做无用功。所谓品牌传播，是品牌所有者通过各种传播手段持续与目标受众交流，使消费者最大限度地认可品牌的过程。通过品牌传播这一"沟通程序"，达到与相关利益者特别是消费者之间的沟通。品牌传播是包含所有改变或影响消费者和品牌间关系的传播、行为和经营项目。品牌传播包括品牌所有要素、行为和功能，包含产品包装、销售、定位、广告以及对消费者的服务。

品牌传播对品牌的好处，有提高品牌认知度、培养品牌忠诚度、深化品质认知度、激发品牌联想。所以只有加强品牌的传播，品牌才能越飞越高。

提高品牌知名度。传播可以使品牌在短时间内获得知名度，山东秦池酒厂勇夺中央电视台"标王"的例子，就很好地说明了这一点。但传播的代价是最昂贵的，而且面对众多的干扰，脱颖而出是非常困难的。这就要求广告独特并易于记忆，有足够多的重复、选择到达率最佳的媒体等。

培养品牌忠诚度。传播会产生消费者的试用期望，然后导致试用行为。试用经验形成决定性的态度，这种态度再经过企业品牌传播的进一步强化，如果是肯定的态度，就自然会增加重复购买或重复试用的可能性。如果继续强化，重复购买或重复试用就会转化为品牌的顾客，继而形成品牌忠诚度。所以，品牌传播从试用期望到试用行为，再到重复试用，最后形成忠诚度，这样一来，整个购买过程都具有不可估量的作用。

深化品质认知度。产品品质指的是产品的功能、可信赖度、特点、耐用度、服务水准及外观。品质认知度，是指消费者对某一品牌在品质上的整体印象。品质的认知度完全来源于使用之后对产品的评价。所以在此所提到的品牌认知度，绝不是仅仅在技术上、生产上的品质，而是更侧重于营销环境中的品质含义。

一个新的产品、新的品牌上市，人们对其产品品质一无所知。这个时候对其产品的认知度只能依赖于品牌传播出来的信息，也就是产品的广告。广告所宣传的品质，就是消费者对产品品质的认知。因为广告诉求点通常是产品品质上的特点，也是产品提供给消费者的利益点，是消费者最关心、最喜爱的特点，是产品最具竞争力的特点。在广告中，产品的品质与其他产品相差别并得到了突出，竞争力就增强了。当消费者购买并使用该产品后，对产品的认知度也来源于广告传播。例如很多人使用以后，都会拿自己使用的感觉和广告给自己的感觉进行对比。如果感觉广告说的没错，就对产品更加满意，成为品牌忠诚的拥护者；相反，如果使用者认为品质差而广告却宣传品质优良，消费者会认为广告是欺骗，原有的恶感进一步加深，变成极度反感和不信任。如果产品的功能变化了，广告必须要为它找出一个新的利益点，而不会改变产品的个性。

激发品牌联想。说到一个品牌，人们总会有许许多多各种各样的联想。如麦氏咖啡与一个温情的环境及好朋友联系起来，使消费者产生这样一种联想：与好朋友在一起喝麦氏咖啡。再如说到北京"二锅头"，就会联想到与朋友豪饮的场景。一定的品牌还会令人想到特定的消费群体，如太太口服液让人联想到妇女，脑白金让人想到自己的爸爸、妈妈、爷爷、奶奶。通过宣传，将产品与具体的应用过程联系起来，一旦消费者处于某种环境中就会想到该品牌。品牌使用者联想能加强对目标消费者的吸引力，有利于加强顾客的忠诚度，但这也给品牌的延伸带来很大的限制。

## 第二节　别把媒体宣传看作是单纯地做广告

企业是社会经济的细胞，它既有生命力，又与外界有着千丝万缕的联系，与外界的活动时刻都在相互影响着。在理论界，论述媒体传播对企业品牌的影响，历来是一个热门的话题。处理好它们之间的关系，是企业得以生存和发展的关键。在企业战略实践中，能够处理好与媒体之间的关系，对于品牌的建立具有很强的实践意义。企业与媒体传播之间的关系主要表现为品牌传播的过程。品牌传播是指通过广告、公关、新闻报道、人际交往、产品或服务销售等传播手段，提高企业品牌在目标受众进行的一系列沟通活动，从而提高在目标消费者心目中的认知度、美誉度和忠诚度。它主要是通过宣传企业的文化、产品的特点、企业的理念，获得广大消费者和社会公众的认可，以达到塑造品牌形象的目的，使品牌与目标市场有效对接，为品牌及其产品进占市场、拓展市场奠定基础。

有人说媒体传播的作用就是将企业发生的事报道出去，为企业做广告，提高品牌的美誉度、认可度、忠诚度，其实这是片面的看法。经过媒体传播的广告作用很明显，但是媒体传播对企业的意义绝非这么简单。媒体传播除了将企业发生的事情、制造的产品如实地报道出去之外，更重要的是能把企业好的工作经验传播出去，有利于同行业或其他行业借鉴；还有就是对自己失败的工作教训进行总结，避免同类问题再出现。这一点可以总结为，企业宣传的根本，就是要对社会的生产发展起到推动和促进作用。

　　另外，媒体传播对企业内部的作用也是明显的。传媒宣传通过对企业文化建设的作用，为企业实现战略目标服务。我们都知道，企业文化是指企业在长期经营发展过程中倡导并在广大员工中形成的共同理想、基本价值观、作风传统习惯、群体意识和行为规范的总和。它贯穿在企业经营发展的全过程，并随着企业的发展而日益强化，最终成为企业进步取之不尽、用之不竭的精神源泉。企业文化就是通过精神和文化的力量，从深层次规范企业和员工行为，从而提升理念，调动员工积极性，提高队伍整体素质，优化管理。

　　媒体传播对企业文化建设起到以下几方面的作用：

　　一是媒体传播对企业文化建设具有舆论导向的作用。企业文化作为经济发展的深层推动力，对企业的兴衰至关重要。媒体传播必须发挥好在企业文化建设中的舆论导向作用，密切联系企业发展的经营重点和中心工作。媒体传播都是采用来自生产、生活一线的生动资料，具有说服力的数据、具有典型意义的事实和有感染力的文字，这样就很容易起到教育、引导员工坚持创新，追求卓越，树立正确的世界观、人生观、价值观和苦乐观的作用，让员工始终保持稳定不变的崇高追求和基本目标，潜移默化地接受企业的共同价值观，把注意力转向企业提倡、崇尚、追求的方面，摒除陋习，将个人目标引导到企业的科研生产经营发展的大目标上来。

　　二是媒体传播在企业文化建设中具有平台拓展作用。媒体传播主要通过关注员工的工作状况和现实生活，充分了解员工在新形势下对企业文化建设的诉求，从中寻找宣传报道的切入点，对企业精神、企业愿景、企业理念、企业目标进行宣传。除此之外，还可以广泛开展形式多样、内容丰富的群众文娱体育活动，广泛宣传和展示员工创造的文化成果和才艺技能。把媒体变成展现企业文化成果、员工精神风貌和发展潜能的有效平台，以积极向上的文化信息和氛围引领员工，使企业文化成为创建和谐企业、员工成长成才的助推器。

三是媒体传播在企业文化建设中具有精神凝聚作用。企业是由人组成的，所以优秀的企业文化应该以人为本，全心全意依靠广大员工，提倡团队精神，营造良好的文化氛围。从而充分激发员工的创新活力，为企业的高速稳定发展提供强大的精神动力和团队凝聚力。具体表现在，媒体传播能够在企业文化建设中，充分反映员工在和谐企业创建中的所思所想，并紧紧抓住员工关心的文化建设问题，通过树立先进，弘扬正气，加以引导、教育和鼓励，用社会主义核心价值观、安全生产理念、企业诚信经营等文化内涵把员工凝聚起来，齐心协力为全面建设和谐企业、实现企业发展战略目标而奋斗。企业提倡的价值观，只要通过企业文化的形式被广大员工认同，它就会从各方面把员工凝聚起来，激发员工按照这个价值观去规范自己的行为，从而在企业内部形成巨大的向心力，推动企业持续健康发展。

四是媒体传播在企业文化建设中具有激励约束作用。企业文化的激励作用指的是，共同的价值取向和文化理念能使企业员工从内心产生一种情绪高昂、奋发进取的效应，从而发挥自身的主动性、创造性、积极性、智慧和能力为企业效力，为完成企业的大目标作出应有的贡献。媒体传播通过正面宣传各类先进典型，弘扬正气，能在企业内部形成浓厚的激励氛围。

企业文化的约束作用，是指企业文化对每个员工的思想和行为所产生的约束和规范作用。它与传统的管理理论单纯强调制度的硬约束不同。文化的约束是一种不成文、员工自觉表现出来的自愿接受的软约束。媒体传播就是通过宣传，让某种观念、伦理道德在人们思想中扎根。这样人们才会产生自觉性，并按照企业文化的要求去约束、规范自己的行为。这也是新闻媒体在推进企业文化建设中，"润物细无声"的价值体现。

# 第三节 原有的媒介宣传 VS 新媒体传播模式

一个成功的广告，人们先注意到的往往是它的创意。然而一个成功的广告，除了成功的广告创意之外，还离不开成功的媒体策略。广告必须选择消费者喜爱的媒体，才能有效果。那么，我们怎么根据自己的产品，选择合适的广告媒介呢？

我们需要考虑以下几个基本因素：①媒体本身的特性；②选择媒体所支付的费用；③产品特性和市场状况；④受众的偏好。总体来说，就是根据大众媒介的特点和影响、受众范围，以及产品、服务本身的特点和消费者的偏好，根据媒体的成本、特点，选择最佳的、最有效的、最经济的广告媒体。下面对大众媒体以及新媒体的广告经验发展态势特点，做一个简单的分析。

## 一、大众媒体广告经营

大众媒体主要包括报纸、杂志、广播、电视。

（1）报纸：报纸的发行量最大，读者的阅读量也比较大。受众人群一般是有一定知识文化水准的人，而且具有轻巧、保存性好、造价低等优点。这就保证了广告主刊登广告时，对发行量的要求和对受众信息易受度的关注。而且都知道，报纸的新闻时效性不是很高，这正好符合广告经营的时效要求标准。但是，读者阅读报纸都有"跳读"的习惯，这就将"广而告之"产品功能的宣传初衷打破了，也就难以达到预期的营销推广和信息传递的效果。

（2）杂志：相对于报纸的"跳读"现象，杂志的读者认同感较强，常有反复阅读的情况。这样就可以通过连续的篇幅、多个版面，对一个品牌或产品进行包装宣传。而且现在杂志的信息量也比较大，再加上印刷得也越发精美，宣传效果更好。不足之处在于，杂志的广告时效性还有所欠缺，而且市场的覆盖率难以达到宏观涵盖的效果。总体来说，杂志进行的还是静态宣传，缺乏适当的生动性。

（3）广播：广播传播媒介带来的广告宣传，跟受众有间接的互动，尤其是一些充满创意的广播效果，更令广大听众感觉贴近。不足之处是广播存在"窄众传播"的现状，而且广播的听众人群职业化和年龄层分布不是很均衡，不容易把握，这就造成一些商业娱乐活动的通知、房地产促销信息以及药品广告灯也充斥在广播电波中。广告营销的余地有待开发，随着广播媒体单位近年来在工作中鼓励改革和创新机制，广播节目形式也逐渐推陈出新，相信广播媒介的广告市场开发前景是广阔的。

（4）电视：相对其他大众传播媒介来说，电视广告是一块诱人的馅饼，大量商家都想分一块儿。据相关调查显示，全世界广告费有 1/3 都投到电视上。那是因为电视有其独特的优点，其时效性强，而且视觉、听觉同步，对消费者冲击较大，而且覆盖面也很大。可是，受众会因收看心理和频道可选性等原因，而不去收看固定时间播出的广告，广告宣传也因此大打折扣。

## 二、新媒体广告经营

随着现代科学技术的迅速发展，一些新的传播媒体成为广告媒介的中流砥柱，其中包括有线电视、互联网和卫星电视、微博、微信等。有线电视广告传播的人际互动、娱乐性、服务性效果突出。卫星电视（STTV）受地形影响小，稳定可靠，广告画面清晰，内容完整，增强了广告观众印象，比较贴近消费者的购买心理。这里不得不提的还有互联网，其广告传播拥有无限广阔的虚拟空间，使信息传播更加快捷、多样、广泛、方便。互联网广告传播形式主要有电子邮件和电子邮件列表发布、聊天室广告、搜索引擎广告、文本链接及浮动广告、插入式广告。特别提一下插入式广告。我们在上网时经常遇到突然出现的"弹出式广告"，就是插入式广告。我们浏览相关网站的时候，这些插入式广告就会主动跳出。例如你要准备结婚，你可能会浏览婚庆网，这个时候弹出的或许就是婚庆公司、酒店的广告。插入式广告难以比拟的优势，是它可以与人进行选择性的互动。有人说微信的出现，是真正对话营销时代的来临，以后的互联网就会变得更加方便，变成移动互联网，而且微信的到达率和曝光率都是100%。还有一种重要的方式是微博营销。微博营销是亲民而不是扰民，用户可以许可式选择和接受，真正实现了商家与消费者的互动与交流。

从对这些新媒体的分析来看，新媒体呈现出广告传播领域内的新特点，双向、参与、无须预定、无须中介等。但是，隐藏在这些特点背后的问题，就是必须拥有强大的技术、服务、渠道和内容。以至于新媒体几乎就是不确定的，它形式众多，表现复杂，令人难以捉摸和掌握。或者说，它是混合媒介，个性化、交互性、图文、声像四合一，电视、计算机、电话通过标准化的技术能够实现一体化。总体来看，新媒体主要指电视、电信、互联网三大领域，并且主要表现为视音频信号的传受（新媒体传播的内容由此基本都具有了节目的形式）。其中既有新媒体形式，也有不少属于新媒介硬件、新媒介软件或者新媒体经营模式。

不少人宣称：一个媒体新时代正在诞生，一场媒体革命正在进行。新媒体大都依靠某种新技术，采用某种新的经营模式，可以实现传统媒体没有的信息传播功能，并由此获得诱人的市场"钱景"。目前的情况是，新媒体的发展速度已快到令人难以忽视，越来越多的人把更多的时间花在网络、手机上，这势必会对传统媒体造成利益分流。那么大众媒体或传统媒体是不是就会被取代呢？专家的回答是否定的。他们认为，媒体广告传播发展的最终结果是大众媒体平台与新媒体平台的完全融合、互动。只有这样，才会产生更长的产业链，使得新媒体和大众媒体同时为企业广告主服务。大众媒体走向新媒体是必然的，有着同样想法的人不在少数，大大小小各股势力"跑马圈地"是目前新媒体内容市场的现状。但是实际情况是，正在向新媒体跨入的传统媒体，未必就可以依托现有优势而一路领先。内容、技术、渠道、服务都是新媒体产业链中十分重要的环节，新技术只是促进变化并创造机会，能否抓住这种机会，对于传统媒体来说依然是个问题。唯一值得肯定的是，电视和电脑并不一定会融入一个通用装置或单一的超媒介，两者都将继续为不同的目的服务，并用不同的方式参与企业的广告宣传。

## 第四节　只有把信息传递到有需要的人那儿才算有效

近几年，笔者与一些老板接触很多，很多企业邀请笔者去其企业内部商谈策划推广。很多老板抱怨：为什么当每一个新产品开发出来之后，相应的广告也做了很多，耗费了大量的人力、物力、财力，而且产品的定位也很精确，就是达不到预期的销售目标呢？经过仔细分析，笔者告诉他们还是广告传播工作没有做好。他们因此与笔者争辩，广告就是让别人知道产品，花费这么多的钱去做广告，怎么还能说广告传播没做好呢？

　　面对很多企业陷入广告投入过大而受益甚小的困境，笔者耐心地向他们解释道：一种产品的消费者可能是所有人，例如食品、饮品、汽车等。但是，目标客户只能是其中的一小部分，因为每个消费者自身的能力都有局限。何况有的商品，其目标客户本身就只有很少的一部分人，例如农药，它的目标客户就是农民。很多广告主为了增加商品的曝光率，铺天盖地地发布产品广告，但是目标客户却没有得到产品信息，这样的广告传播就是在做无用功，当然是无效的。

　　要想使企业及其产品在顾客心目中占有一定的位置，商品信息传播成功与否，决定了能否达到这一目的。而商品信息传播的成功，又取决于是否被目标消费者所感受。只有把信息传递到需要的人那里，信息传播才真正有效。其实，这是一个很困难的过程。

　　举例说明。当代各种信息正如海潮奔涌，向消费者发起进攻。在美国，现在每年要用去 1000 万吨新闻纸，数字非常庞大，美国有 3 亿人口，人均消耗 42 千克；每年出版 30000 余种书，一个人要看完它，得每天 24 小时不间断地看上 17 年；一般家庭每天看 7 小时以上电视，有 75 万幅电视图像闪出；一个 400 克装的早餐麦片盒子上，有 1268 个字的说明，而且外加一本 3200 字的营养小册子……这么大的信息量，也许只有电视节目"最强大脑"里面的天才才能接受这些信息。作为一般人，有谁会去阅读、细看、听取全部信息呢？要知道，人们对付太多信息的唯一防御手段，便是采取一种过于简单化的看法，那就是放弃。

　　信息不能传达到消费者的心目中，笔者总结为三方面的原因。

　　首先，传播媒介迅猛激增。电视频道多、卫星电视的出现、互联网的发达、手机的普遍使用、街上的广告牌和广告画，报纸、杂志五花八门，各种交通工具，如公共汽车、出租车、地铁等都可以作为传播媒介，带有商品信息，甚至连人体也成了活动的广告牌，各种传播媒介正斗得你死我活，消费者对于商品也是目不暇接。

其次，广告迅猛激增。现在各行各业都在为自己做广告，甚至有些医院、学校和政府机构也加入到广告大军中，广告数量呈爆炸式增长，这样势必使很多广告的效益日渐下降。

最后，产品数量猛增。品牌繁多的服装、食品、药品、鞋帽等，令消费者目不暇接。例如，美国市场上有数十万种可供处方的药品，但医生根本无法知道所有药品的名称和药效。人的心理承受能力是有一定限度的，超过了这个限度，脑子便无法正常加工。

总之，商品信息如此之多，对于广告主来说，耗费了大量资金，但是收效甚微，只有少量且未必是重要的信息，通过传播渠道达到消费者心中。对于消费者来说，他想要的商品信息却因为大量信息的充斥，而不知所措。所以对于广告主来说，只有让你的目标客户充分感受到你的商品信息，你的广告做得才有价值。

那么怎么才能把信息真正地传递到需要的人呢？唯一的方法就是先对消费者进行充分的调查，再确定广告目标、广告媒介和广告策略。

对消费者调查的主要内容有：

最先需要调查的，是目标消费者的风俗习惯、生活方式。虽然每个消费者的性别、年龄、职业、收入和对产品商标和广告的认知都有很大的差别。但是在做广告宣传的时候，可以把有相似经历的消费者归为一类，这样广告投入才有针对性。所以，要对受众有充分的了解。

当然，广告的目的是向目标人群推荐产品。是不是等产品生产出来以后，再通过广告宣传产品呢？其实这是一种错误的想法。步骤可以是这样的：先要了解目标消费人群对产品的质量、供应数量、供应时间、价格、包装以及设计等方面的意见和要求。知道这些以后，再生产产品。进而选择针对这一类消费者的媒体。然后通过广告，传播出自己产品符合目标消费者的信息。这样就可以极大地吸引消费者的目光，取得广告宣传的成功。

## 第五节　不仅仅传递出信息，更要让消费者牢牢记住

上面提到，产品信息的传播，要让需要的那部分人知道。但是现在同类产品的同质化程度很高，而且大家都在做宣传。所以只是传递出信息就显得不够了，还需要消费者牢牢地记住我们的产品品牌。就像是"早上喝奶想起来某某早餐奶"、"买车想起了某某车性价比更高"、"送给老人保健品想到某某品牌的保健品是最好的"等。我们把诸如此类的现象，称作"品牌关联"。有一项研究表明，在消费者的心目中，占第一位的品牌（达到品牌浮现水平的品牌），将比第二位、第三位的品牌更为人所喜爱。而且人们对某一品牌的喜爱程度，是影响购买的一个重要因素。所以在此反复强调，要让目标消费者牢牢记住我们的产品，使之在他们的心目中占据第一品牌的位置。

史玉柱曾经说过一句比较经典的话："中央电视台的很多广告，漂亮得让人记不住。"是的，现在很多产品的广告，做得很唯美，气场很强大，而且找了很多一线明星，有的甚至拍成艺术品给人美的享受，但是到后来人们竟然不知道他卖的什么东西，更别说他的产品是否符合消费者的需求了。相反，我们都觉得脑白金的广告很俗，脑白金的广告曾经被很多所谓的广告业

内人士评价为缺乏创意和美感的广告案例。但有趣的是，当年就靠着这在网上被传为"第一恶俗"的广告，脑白金创下了几十亿元的销售额。从这一层面上说，脑白金是一个成功的广告。

广而告之的目的，就是为了向用户传达一些信息，让客户充分了解你的产品或你的服务。例如有些广告做得很好，但是大家都不知道它卖的到底是什么东西。脑白金很俗，但都知道它是卖什么的。因此广告传达的信息，是否被用户真正记住了、理解了，这是一个非常重要的评价指标。如果看过广告的人中，能够记住广告信息的不多，那么这个广告的效果就可想而知了。

那么怎么才能使消费者牢牢记住你广告中传达的信息呢？

首先，信息明确，易于理解。像刚才提到的那样，广告首先就是要信息明确，易于理解，尤其是广告语，一定要简洁易懂。因为广告的时空是有限的，传递的信息量也是有限的。消费者在接受信息的时候，都要经过自己的认知结构再重新编码加工。如果信息不明确，就会造成编码困难或者无法理解，自然就谈不上记忆了。有些广告片喜欢玩花样搞噱头，总以为只要广告作料加得多，消费者就喜欢看，也不管这些作料与广告的主要信息是否相关或者有联系。例如一个电视广告，开始的画面上出现了一辆飞驰而来的红色小轿跑，车型华丽，色彩鲜艳，观者一定以为这是一则汽车广告。然而镜头一转换，出现一个绝色美女正在对着镜子微笑，观者开始有些莫名其妙。继而镜头向下摇，我们看到一个身材火辣，穿着比基尼的美女，然后把镜头固定在美女脚上穿的一双新潮的高跟鞋上。观者似有所悟，难道这是一个女鞋广告？此时镜头又一转，对准了驾驶室里的一瓶饮料，绝色美女伸手拿起饮料，喝了一口，对着镜头说"你也来一杯"。这时候观者才恍然大悟，原来这是一则饮料广告。这则广告可谓噱头十足，但是像这种广告主题不明确、信息之间关联度极小的广告，会让消费者摸不着头脑，很难让他们记住。

其次，广告重复出现。人类确实有一次识记终生不忘的体验，但只限于非常奇特的经历和对自身有重大意义的事件。然而对于大部分记忆内容来说，要想记住就要经过反复的复习，方能在脑海中停留的时间较长。对于广告主来说，你肯定没有权利要求消费者反复复习背诵你的广告。所以，要想加深消费者的印象，就需要广告反复出现，以加深消费者的印象。这也是为什么很多新上的广告播出频率较高。

当然，重复也需要技巧，机械重复也许会引起消费者的反感，使得消费者产生排斥和拒绝心理，而且还要花费巨额的广告费。具体来说，一则广告刚出现时，重复的频率要高一些，然后慢慢地降低频率，直至保持在某一个水平上。这和人类的记忆规律是有关的。根据艾宾浩斯的研究，在识记后的1小时，便忘掉 41.8%；24 小时后忘掉 66.3%；但 6 天以后，尚能保持 25.4%。所以，同一广告在数次原样重复之后，应该变更原先的一部分内容，保留原先的部分内容；变更原先的一部分形式，保留原先的一部分形式；使之既具有连续性，又具有新鲜感。对于先前感知过的消费者来说，仍然饶有趣味，并能使广告的内容深深扎根在消费者的脑海里。

再次，广告信息刺激的强度。按照条件反射的强度规律，刺激物在一定限度内的强度越大，它所引起的兴奋就越强，因而对它所形成的条件反射也越显著。因此，广告的信息要增强信息刺激，例如加大广告的版面。心理实验测定了：假如广告版面增大 10 倍，消费者对广告的注意率相应就增加 7 倍。例如瑞士一家钟表公司的广告，直径达 16 米，重达 6 吨，垂直挂在日本东京一座新落成的摩天大楼外，十分引人注目。

当然广告信息刺激的强度，除了能表现为庞大的广告版面之外，还可以用鲜明的广告色彩，例如王老吉采用红罐包装、响亮的独特的广告音乐和音响等。此外，还可以表现为强大的心理震撼力。例如，力帆摩托车曾经为自己的摩托车做过这样一则电视广告,他们让 8 个大汉同时骑着一辆摩托车,还在后面拉一辆汽车,而且很轻松地在路上行走。这则广告紧紧地抓住了消费者的眼球,从而在消费者心目中产生了强烈的效果。

最后,大力运用联想功能。所谓联想,是由一种经验引起另一种经验的过程。人们的许多回忆都是经由联想而完成的。联想可分为 4 种形式,即接近联想、相似联想、对比联想和关系联想。这 4 种联想形式,都可以用来增加广告的记忆效果。运用到广告中,可以这样理解:例如要为牙膏做广告,直白地说牙膏如何好如何好,效果并不一定好。可以开发消费者的联想,例如做一个牙齿自述,也许效果会新奇一点,方便人们记忆。接近联想,是指人们对在时间、空间或内容上接近的事物所形成的联想。相似联想,则是指由一种经验,想到在性质上与之相似的另一种经验的过程。对比联想,是指由一种经验,想到在性质上或特点上与之相反或相对的另一种经验的过程。关系联想,是指由一种经验,想到与之存在某种联系的另一种经验的过程。

## 第六节 让消费者做参与者而非旁观者

有些企业在打造品牌、生产产品的时候,会提供一个产品框架,让目标消费者一起参与产品的设计、生产过程,让大家一起来添砖加瓦,这样可以汇集民间高手的智力。就像苹果公司,每一款新产品出来之前,乔布斯都会开通相关的论坛,请求广大"苹果迷"献计献策,使广大用户不但是消费者也是生产者。消费者参与生产,就算产品有缺陷,众人群策群议,纠错能力也会非常强。而且,还可以很快地让企业知道它们产品的缺陷,以便尽快修正。其实这是一种营销手段，参与的群体会觉得这是我们自己研发的产品，等产品上市后即使有不足，也不会对产品过于挑剔。因为大家是看着它长大的，没有人不喜欢自己的孩子。

在过去一年里，笔者通过研究国外一些比较成功的广告案例，发现产品设计寻找目标消费者参与设计、制作这个做法，同样可以运用到企业产品信息的传播方面。随着网络时代的到来，网络时代使传播行业产生了巨大的改变。当"80后"渐渐成为社会的中流砥柱，"90后"则带着他们尖锐的观点呼啸而来。广告不再是喋喋不休的说辞，消费者也不再只是那个靶心，而是应该成为广告的参与者。与其广告商挖空心思，思考着要向消费者展示什么，还不如让消费者成为广告的参与者，让他们告诉我们他们想知道什么信息。正如互联网到了2.0的时代，网络提供平台，网民可以参与制作。

YouTube网站的一位发言人在电子邮件中称："YouTube网站的整个营销平台都围绕着参与，我们的用户为他们认为优秀的广告和促销活动欢呼雀跃。同时，也有义务对他们不喜欢的那些广告和促销活动发表自己的看法。他们共享广告视频并对广告做出评价，并通过提交原创作品、参加相关竞赛和与志同道合的网友进行创造性对话做出回应。这种积极参与的形式令许多广告商趋之若鹜，他们希望能通过这种形式与新客户进行交流并最终吸引住他们。"

沃顿商学院教授泽维尔·德勒泽（Xavier Drèze）指出，消费者参与广告的方式收效非同凡响。他称，常规的广告普遍存在信息混乱的现象，消费者也经常由于无法忍受电视上各种广告信息的狂轰滥炸而换台。虽然广告主也花费了巨额的广告费，但是信息传递的有效性就可想而知。假如能让消费者参与进来，让他们发布自己的信息，就像刚才提到的让他们看着你长大，培养你长大，那他们就没有不喜欢的理由了，这无异于开后门，找到了广告的捷径。例如，著名品牌菲多利的多力多滋（Frito – Lay's Doritos），他们告诉消费者产品的全部信息，并邀请消费者自己创造多力多滋的视频，可以参加多力多滋于 2006 年和 2007 年举办的在网络上极受欢迎的"摔碗"活动，最佳作品的作者被评选为"超级碗"明星。另外，吸引消费者参与制作原创视频的同时，就像是拥有了焦点消费人群，通过消费者参与活动可以使公司得到信息反馈，并从中有所领悟和收获。

德勒泽提出让消费者共同参与的另一个好处是，可以进行市场调查。这使得原本需要花很多时间、财力、物力和人力去考虑如何将公司产品和人们联系到一起的问题，变得简单多了。

Youtube、Facebook 等都是成功的个案。应用到广告方面，是怎样的呢？

大家可能留意过美国总统的竞选，那不单单是政治，而更像是一场娱乐盛宴。选举活动已经根植于每个美国人的脑海，将这作为手段，不但可以使得选谁作为国家总统事倍功半，而且在选举的过程中，也可以了解美国人民的民心所在。

Mayfield 是一个美国非常有名的冰淇淋品牌，每年都会推出很多不同的口味去刺激市场销售。然后根据每种口味的销售情况，决定哪些口味可以成为常设产品。Mayfield 广告部门就利用了这个惯例，大做文章。它们为四种新口味的冰淇淋举办了一个竞选活动，让消费者自己投票，决定哪种口味可以留下，作为常设产品，哪种口味要被淘汰。其实，消费者在一般的购买行为中，一直都有参与这一筛选，只是他们没有注意到。现在，通过这项活动，把这个决定权正式移交到消费者的手中，就让这件事情变得有意思多了。

于是，Mayfield 广告部门制作了四种不同口味冰淇淋的宣传片，并在各省派发样品。像美国选总统一样，还要进行拉票活动。再配合网上及手机投票，最终获得 388000 个投票者支持这个活动。当然某一种口味的胜出，不但使得 Mayfield 企业更好地决定哪种口味作为常设产品，更重要的是，四种新口味冰淇淋比上年的新口味增加了 26% 的销售量，更刷新了新口味的最佳销售纪录。

从以上种种案例可以清楚地看到，绝不可低估消费者的参与作用。用得其法，自会有意想不到的收获。

## 第七节　品牌传播的有效策略与方法

2005 年美国《商业周刊》评选出全球最有影响力的 100 个品牌中，可口可乐以 675.25 亿美元的品牌价值再次荣登榜首，再次印证了它是全球最有价值的品牌。1886 年可口可乐的营业额仅为 50 美元，它的广告费却为 46 美元；1901 年的营业额为 12 万美元，可口可乐拿出来 10 万美元做广告；如今的可口可乐，每年的广告费竟超过 6 亿美元。由此可见，一个世界顶级品牌对广告的重视度。可口可乐之所以花费如此高昂的广告费，无疑是想让消费者了解并喜欢其产品。

但是简单生硬地用品牌广告去轰炸消费者的视觉和听觉，已经开始让大多数人反感，也会让你距离真正的品牌成功越来越远。品牌传播的方法正在走向多元化，这些方式让消费者对品牌不再停留在表面，而是建立起更加互动的关系，提升了对品牌的参与感。在这里我们选择一些品牌传播的策略和方法的新变化与大家分享。它们分别是事件营销、体验营销、形象代言、互动营销、微博、微信、微视频、微记录，形成企业的"粉丝圈"。

## 一、事件营销：将产品与社会热点巧妙结合

所谓"事件营销"，是指企业通过策划、组织和利用具有新闻价值、社会影响力及名人效应的人物或事件，吸引媒体、社会团体和消费者的兴趣与关注，以求提高企业或产品的知名度、美誉度，树立良好的品牌形象，并最终达到销售目的的策略和方法。事件营销就像做比萨——想卖烤饼，就得撒"料"。

一般而言，事件营销在受众中的信息接受程度，比普通广告要高得多。尤其是当事件营销与品牌形象、品牌个性相吻合时，它所发挥的威力和持续程度将远远胜于简单的事件炒作。例如"第一宇航员"杨利伟返回地球的同时，印有"中国航天员专业牛奶"标志的蒙牛牛奶出现在全国各大卖场，进一步彰显了蒙牛牛奶的品质。"威露士"在 SARS 期间无偿捐献 6 万瓶洗手液，一举奠定了其在消毒市场的霸主地位。这些品牌的成功，都是因为选择了适合自己的事件。

那么，事件营销具有哪些特点呢？

第一，利于接受。一样是传播信息，人们往往会自己花钱去买新闻来观看，对于广告却避而远之。那么事件营销就是利用人们对于新闻的不防备，把广告信息植入新闻报道，化解消费者对广告的本能抵触、厌烦和冷漠。

第二，成本低。事件营销的传播主要是依靠媒体的自发报道，所以企业只需要支付事件成本，可以节约大量广告费。而且据数据调查表明，企业运用事件营销手段取得的传播投资回报率，可以达到一般传统广告的数倍。

第三，易于记住。相对于"他说了什么"而言，人们更容易记住"他做了什么"。同时，相较于广告而言，事件营销具有新鲜、独特、不易重复的

特点，消费者更乐于谈论和传播。而且事件传播是企业、媒体与消费者的共赢，因为企业要想得到媒体的传播，先需要引起消费者的注意力，需要选择与消费者生活息息相关的事件，或新鲜独特，或好玩有趣。这样就使企业和媒体获得了注意力，消费者获得了有用的信息。

蒙牛可谓深谙此道，它们每年都能挖掘一个全国性的创新大事件，赞助"神五"以及超女策划都是其中的典范。那么该如何做好事件营销呢？

第一，事件营销要与企业形象保持一致。很多企业往往重知名度，轻美誉度。为了获得一时的关注，而忽略了自己的形象。在这样的情况下，知名度越高往往对企业越不利。

第二，企业在明了自身资源优势的基础上，还要精准掌握竞争对手在竞争优势链条上的软肋。这样才能打破顾客和公众的密集记忆，进入他们的脑海。此外，市场人员必须保持对社会政治、经济、科技、文化，甚至对国家政策法规、国际政治等多方面的职业敏感。并且和各级新闻媒体保持良好的公共关系，以随时获取人们最关注的话题。

第三，事件营销中必须谨小慎微。事件营销开始以后，众多媒体都在想方设法挖掘更多的新闻，消费者也都在关注和谈论。假如这个时候出现质量或者其他方面的问题，也自然会被曝光，反而变"营销"为"自残"，也不会达到预期的目标。

第四，整合化营销。开展事件营销的同时，若没有其他传播手段相呼应，那么这起事件营销就如落水之石，掀起几圈涟漪后很快悄无声息；反之，如果抓住了事件营销的契机，通过整合广告、公关、促销等各种传播方式，把事件发展成为一个强势的营销运动，效果则可能成倍地放大。

第五，要有专人或者专门的部门，负责媒体公关和舆论监控。新闻传播过程本身就存在很多变数，如果没有专人监管，任由其自由发展，就像是点燃一堆篝火而无人照看一样危险。只有严密监控，随时掌握舆论动向，才能化被动为主动，适时调整舆论方向，防止信息失真。

## 二、体验营销：让消费者与产品或服务亲密接触

自从星巴克咖啡成功为人们所津津乐道之后，"体验营销"便不再是一个陌生的词汇了。星巴克咖啡在其发展了 20 年左右后，在全球开设了近千家分店，并且成为全球最受尊重的十大品牌之一。就是在大洋彼岸的中国，在二三线城市里，"星巴克"都可以说是家喻户晓。而它的这些成就，都是在几乎从来不做广告的情况下实现的。星巴克品牌之所以如此快速地传播，并且吸引了那些对咖啡不感兴趣的顾客光临，就是凭借其对特殊消费体验的营造。

所谓"体验营销"，往往只是被当作一种为了吸引消费者购买而让其亲自参与到产品演示中的营销手段。其实，"体验营销"并非这么简单。正如"星巴克"考虑到了咖啡的浓郁香味、沙发座的舒适柔软以及服务生的亲切微笑等，成功施行"体验营销"的企业所关注的，是消费者在售前、售中、售后的全面消费行为。它们所营造的不是某一个孤立方面的体验，而是全面体验。

什么叫做体验？约瑟夫·派因与詹姆斯·吉尔摩对体验营销的定义，是从消费者的感官、情感、思考、行动和关联五个方面重新定义、设计营销理念，他们认为，消费者消费时是理性和感性兼具的，正如"星巴克"的全面体验一样。他们同样提出关注消费前、消费中和消费后的体验，这是研究消费者行为与企业品牌营销的关键。

构成消费体验的五个方面如下：

感官：通过视觉、听觉、触觉、味觉和嗅觉建立感官上的体验，为顾客创造审美上的愉悦、兴奋和满足，以区别不同品牌和不同产品，激发顾客和增加产品价值。

情感：通过触及顾客内心的情感，以激发顾客对于品牌的喜好和偏好，也就是通过诉诸顾客的内在感情，来创造美好的消费体验。

思考：通过趣味、知识、好奇等来引发顾客产生联想，促进或加快完成顾客对产品认知由感性转化的过程，建立顾客的忠诚度。主要是通过付诸顾客的心智，来创造解决问题的体验，这一营销方式特别适用于技术产品。

行动：通过生理体验、产品展示来试图营销顾客的有形体验，改变顾客的消费习惯或生活方式，并不断提高和改善生活质量。

关联：即感觉、感受、思维和行动的总和表现。不限于个人体验和感受，而是把自我、他人和文化等紧密地联系起来，形成更加广泛的社会关系体系，强劲地推进品牌关系和品牌的社区建设。此层面的营销诉诸顾客自我提高和寻找归属的愿望。

根据以上五种消费体验，体验营销相对应的有以下五种策略：

一是感官式营销。上面也提到，感官营销的目的是为顾客创造知觉体验。以宝洁公司的汰渍洗衣粉为例，要突出的就是带给消费者"山野清新"的感觉。为了创造这种清新的感觉，不只是在制作中加入了适当的清香成分，而且在广告传播中也突出新型山泉汰渍给你野外的清爽幽香，取得了很好的效果。

二是情感式营销。情感式营销是在营销过程中，要触动消费者的内心情感，创造情感体验。其要点是企业要真正了解什么刺激可以引起某种情绪以及能使消费者自然地受到感染，并融入到这种情景中。当然这种情感不仅是温和、柔情的正面心情，还可以是欢乐、自豪，甚至强烈的激动情绪。

三是思考式营销。思考式营销就是运用惊奇、计谋和诱惑，引发消费者产生统一或各异的想法。最成功的例子，非苹果电脑的 iMac 计算机的营销案例莫属。当年，苹果电脑的 iMac 计算机上市仅六个星期，就销售了 27.8 万台，被《商业周刊》评为年度最佳产品。iMac 计算机能取得如此大的成功，就是因为其采用了思考式营销策略。苹果公司将"与众不同的思考"标语，结合许多不同领域的"创意天才"，包括爱因斯坦、甘地和拳王阿里等人的黑白照片，并通过铺天盖地的广告，刺激消费者去思考苹果电脑的与众不同之时，也促使他们思考自己的与众不同，以及通过使用苹果电脑而使他们成为创意天才的感觉。

四是行动式营销策略。行动式营销是通过偶像角色，如影视歌星或著名运动明星的代言来激发消费者，使其生活形态予以改变，从而实现产品的销售。在这一方面耐克可谓经典。该公司成功的主要原因之一是，有出色的"Just do it"广告，而且与美国职业联赛（NBA）有亲密的接触。例如，它们会经常描述运动中的著名篮球运动员，如迈克尔·乔丹。客户穿上它们的运动鞋或者运动服，就好像充满乔丹的力量一般，从而升华身体运动的体验。

五是关联式营销策略。关联式营销包含感官、情感、思考和行动式营销的综合。关联式营销战略特别适用于化妆品、日常用品、私人交通工具等领域。"哈雷"摩托车的车主，经常把它的标志文在自己的胳膊上乃至全身，他们每个周末去全国参加各种竞赛，可见"哈雷"的影响力不凡。

## 三、形象代言：谈论名人时想到你的产品

说到广告，不能不提到与其相伴的名人。在这个泛媒体的时代，名人明星们在媒体的精心打造下，如同流水线的产品一样正源源不断地涌现出来。

对于企业来说，用名人做广告也成了广告营销的经典模式。明星做广告已成为人们经常议论的话题，几乎所有的影视、体育明星都在广告中粉墨登场，以各种方式为广告说好话。

明星作为消费者耳闻目睹的公众人物，有其难以形容的特定魅力，而且明星越有名，这种魅力就越大。广告主也正是因为看中了这一点，而乐于采用明星广告策略。当然，那些利用明星做产品代言的企业，大多取得了可观的经济效益。明星效应让更多的人记住了这个产品。与此同时，明星代言的产品的形象及可信度，便会更加深入人心。

20 世纪 90 年代中期，美的集团出巨资 100 万元，特邀我国当红女影星巩俐为其主导产品美的空调做电视广告。这则只有 15 秒的广告片，情节非常简单，只是沐浴后的巩俐，感受到美的空调发出的温度，面对着镜头嫣然一笑。该广告片在中央电视台一经播出，就形成了轰动效益。尽管还有人对于用 100 万元巨资买巩俐一笑议论纷纷，但是在争议中，美的空调却被更多的消费者了解和认可，其知名度和市场占有率都在大幅度提高，广告带来的市场价值也远远大于 100 万元数倍。

2002 年，福建福马食品集团通过专家论证，决定出资 200 多万元，特邀当红国际巨星李玟为福马食品的形象代言人。因为李玟一直活跃在国际舞台上，她以灿烂甜美的迷人微笑、前卫性感的舞台造型、优美动听的曲调风格、平易近人的行事作风立足歌坛，独领风骚，是广大青少年追逐的偶像。没想到广告片一经推出，在当年 10 月长沙糖酒交易会上，福马品牌的蛋黄派、COCO 熊、巧时巧克力系列产品便产生了轰动效应。一时间，"福马"的产品供不应求，一些经销商拿着现款等着拿货，超市里产品一经上架就被抢购一空。产品上市第一年，即 2003 年销售的蛋黄派接近 2 亿元，2004 年上半年的销量就突破 2 亿元，业绩斐然。

明星为产品做产品宣传，只要所传播的信息真实确切，画面和语言配合得体，自身与产品有一定的关联，就能在一定程度上，将明星名人自身的魅力移植到产品上。就像苹果手机先将自己的产品推荐给一些名流使用，名流的魅力很自然地就移植到手机上。这样做既刺激大众的注意与兴趣，又能提高品牌的知名度与接受度，赋予产品更多的附加值。一般说来，明星效应包括以下三个方面：

（1）引起注意，快速产生市场效应。面对资讯如此发达、广告轰炸的时代，如何才能让你的广告脱颖而出，迅速让消费者接受，并取得立竿见影的效果呢？最好的方法莫过于请明星代言。因为消费者能凭借自身对明星的好感去主动理解产品信息，并快速做出反应。好的明星广告的效果，几乎都是"快热型"的，目标消费群体很容易在他们所崇拜的明星的暗示或说服下，去尝试消费，体会明星的消费经验。并因心理上的这种认同倾向，而成为像忠诚明星的歌迷、影迷一样，成为某一品牌的忠实消费者。

（2）提升产品档次，增加品牌知名度和美誉度。将明星的独特魅力移植到产品上还有另外一种表现，就是企业可借助明星良好的公众形象、较高的知名度及美誉度，来有效提升产品的档次，塑造企业及产品，使其具有像明星一样的良好形象。好的明星广告可利用明星本身所具有的特质，使商品带上其独特的品位、格调、地位和威望，这是其他类型的广告创意策略难以在短期内达到的效果。

（3）昭示企业实力，提高品牌信任度。从普通消费者的心理反应角度看，企业请明星做广告，的确直观地昭示了企业的实力和魄力。因为广告是一种商业行为，明星不仅有社会价值，在广告中更体现了其经济价值。很多时候，企业请不请明星做广告以及请哪一个级别的明星做广告，已成为衡量各企业经济实力的一种标志。

　　明星代言固然可以借助明星自身的成就与魅力，软化品牌形象，增强品牌的亲和力，但用明星做广告也并不是放之四海而皆准的道理。并不是所有明星都能做广告，也并非所有产品都适宜采用明星做形象代言人，从而取得巨大的轰动效应。关键是采用的明星形象是否和产品的性质有关联性。前面我们提到赵本山和藿香正气液的例子，就能很好地说明这一点。

## 四、互动营销：让每一个消费者都参与其中

　　1948 年大卫·奥格威创立奥美广告时一再强调，和消费者建立一对一的沟通是他的秘密武器。从牢牢抓住消费者的眼球，到把选择的权利交回给消费者，这是互动营销的秘密所在。大卫·奥格威的理念，就是尊重消费者，理解消费者。

　　与消费者沟通并直接向消费者销售，发展最为迅猛的渠道非互联网莫属。互联网给营销人员和顾客带来了更大的互动和个性化的机会。所以互动营销的定义，是指商家通过向网络营销公司付费的手段，让它们策划产品和当今热点相结合的事件，然后举办一系列的 T 楼活动，让网友参与互动和讨论，让企业在互动讨论中传达企业的品牌，促进产品销售。营销人员还可以在人们实际开始购买流程时接触他们，企业可以追踪营销活动的具体效果。

　　**案例一　可口可乐的"火炬在线传递活动"**

　　2008 年 3 月 24 日，可口可乐公司推出了"火炬在线传递"活动。活动的具体内容是：网民在争取到火炬在线传递的资格后可获得"火炬大使"的称号，本人的 QQ 头像处也将出现一枚未点亮的图标。如果该网民在 10 分钟内可以成功邀请其他用户参加活动，图标将被成功点亮，同时将获取"可口可乐火炬在线传递活动"专属 QQ 皮肤的使用权。而受邀请参加活动的好友，

就可以继续邀请下一个好友进行火炬在线传递，以此类推。

活动方提供的数据显示：在短短 40 天之内，该活动就"拉拢"了 4000 万人参与。平均起来，每秒就有 12 万多人参与。网民们以成为在线火炬传递手为荣，"病毒式"的链式反应一发不可收拾，"犹如滔滔江水，绵延不绝"。

**案例二　大众汽车"只有 20，只有在线"的互动营销活动**

2007 年 5 月 4 日，大众汽车在自己的网站上发布两款最新甲壳虫系列——亮黄和水蓝，首批新车一共 20 辆，均在线销售。这是大众汽车第一次在自己的网站上销售产品。网站采用 Flash 技术来推广这两款车型，建立虚拟的网上试用驾车。将动作和声音融入活动中，让用户觉得他们实际上是整个广告的一个部分。用户可以自由选择网上试用驾车的不同环境，如高速公路、乡间田野或其他不同场景。

网上试用驾车使得网站流量迅速上升。每天独立用户平均为 470 个，每个用户花费时间翻倍，达到 19 分钟，每页平均浏览 1.25 分钟。并最终成功生成了 25 份在线订单。

互动营销具有五个方面的特点。①互动型。互动营销强调的主要是商家和客户之间的互动。一般都是经过前期的策划，然后网络营销公司的幕后推手对某一话题开始引导，接着网友就开始参与其中，这是比较常规的互动。②舆论型。互动营销主要是通过网民之间的回帖活动，间接或直接对某个产品产生正面的或者负面的评价。③眼球型。互动营销主要是吸引网民的眼球，如果一起互动营销事件不能吸引眼球，那么这起互动营销事件就是失败的。互联网本身就是眼球经济，如果没有网友的关注，就谈不上互动。④热点型。互动营销有两种事件模式，一种是借助热点事件来炒作，另一种是自己制造事件来炒作。因为网络营销公司要想把事件炒作好，引起网民的关注，那么无疑需要抓住网民内心的需求，也就是网民上网喜欢做的事情或者他们对什么事件比较感兴趣。⑤营销型。互动营销一般都是为了达到某种营销目的而进行的事件炒作和互动。一般都是网络营销公司借助互动营销，来帮助客户传达企业的品牌或者促进产品的销售。

下面介绍几种互动营销的常见形式。

（1）网站。网站是互动营销最有效的平台。网络需要具备表现或反映企业的目标、历史、产品和意愿，第一眼就能吸引人，而且能促使人们重复访问的特点，方能满足互动营销的需要。杰弗里·雷波特和伯纳德·贾沃斯基提出了有效网络设计的两个要素：①网站的易用性，包括首页容易理解、可以迅速下载和容易浏览其他页；②网站的外观吸引力，包括网页整洁、字体和字号易读和恰当的使用颜色和声音。

（2）搜索引擎广告。付费搜索或点击付费广告，如今大约占所有网络广告的一半。当采用谷歌、百度、雅虎等搜索引擎搜索这些词汇时，企业的广告将出现在搜索结果的页面上，具体的排名情况，取决于企业的出价和广告与本次搜索的相关性。

（3）展示广告。展示广告或旗帜广告是含有文字（有时还包括图片）的小方块，公司付费将其放在相关网站上。能接触的受众越多，收取的费用也越高。插播式广告，是在网页切换时弹出的广告，通常带有视频或动画。

（4）电子邮件。通过电子邮件实施营销的成本，是通过直接邮件实施营销的一小部分成本。但是很多消费者对电子邮件很反感，采用邮件过滤器屏蔽掉，所以很多企业会询问是否希望接收自己的电子邮件，以及希望何时接收。例如，花卉零售商 FTD 让顾客选择，是否接收电子邮件发送的送花提醒。

（5）移动营销。移动营销呈增长态势。随着"低头党"越来越多，手机成为广告商接触消费者的最好机会。除了短信和广告外，人们对于移动应用的兴趣也很浓厚。移动应用是指，可以装载在智能手机上的"不占空间"的软件。移动应用可以记录消费者光顾某个商家和购买商品的信息，并从这种"老顾客回馈项目"中得到奖励。对于广告商来说，它们通过监控消费者接收的信号了解其所在的位置，零售商可以在消费者来到商店附近时向其发送促销信息（包括电子赠券）。

## 五、最有效的工具：微博、微信、微视频、微记录

对于生活在现代社会的年轻人，睁开眼睛做的第一件事，就是拿起身边的手机刷刷微博，看看昨夜睡梦中有没有错过什么惊天动地或者鸡毛蒜皮的事。在上班路上，你会拿起手机看看今天的新闻。到公司后打开计算机，立即闪出搜狐微门户或者腾讯微门户，然后登录自己的 QQ 或者 MSN，开始与朋友或客户交谈。午餐的时候，你也不用担心会错过订餐时间，因为手机 App 早就帮你轻松搞定午餐。吃过午饭，发现好久不见的高中同学就在附近签到，于是马上打开开心网或者人人网互加好友，以便长期联系。下午，倦意袭来之际，顺势打开淘宝淘一淘，当然淘到了宝贝必须要晒到微博上与粉丝讨论一下。快下班时，伴随着同事转发的雷人微视频，结束了一天的忙碌工作。晚饭，约了几个朋友享受团购来的超级套餐。回到家，打开电脑看看自己心爱的韩剧。睡觉前，你终于攻破了"愤怒的小鸟"最新关卡……

在这个日趋复杂的媒体使用环境下，每个媒体都拥有广告与品牌传播的机会。尤其是新媒体，都在做广告。传统的广告是以媒体、报纸等为载体。而在新媒体环境下，我们以微博、微信、微视频、微记录为广告载体，在这里定义其为微营销。微营销是网络经济时代，企业面临的营销模式的创新，伴随着微博、微信、微视频、微记录的火热而产生的一种网络营销方式。微

营销不存在距离的限制，用户注册账户后，就可以与同样注册的"朋友"形成一种联系。这是用户订阅自己所需的信息，商家通过提供用户需要的信息，来"点对点"地推广自己产品的营销方式。

微营销和传统营销有很大的不同，很重要的一个不同在于新媒体营销更注重"关系"与"情感"，它对你的影响是"深度卷入"，而不是"生拉硬拽"。

为什么要选择微营销？微营销有哪些特点呢？

（1）形成关系。人们正处在一个"我时代"的背景下，追寻个性，取代宏大叙事的是碎片化内容的蓬勃壮大，你跟我有关系，你才愿意接受我的信息、观念和产品。微营销就是与用户建立"关系"，再触发他们的行动。触发行动是人们对营销的反馈，是判断营销效果的一个标准。

（2）情感连接。情感是建立并维护"关系"的一个重要手段。例如，《新周刊》杂志通过建立"机构微博"，与其读者建立联系并营销内容与刊物。在微博上，它每天早、晚都会发一条立志的话语，再加上"早安朋友"、"晚安朋友"之类的问候语，如同邻居朋友，每天都会与你"碰面"。就是这种定期约会的方式，帮助《新周刊》和读者建立起情感连接。

（3）微链运转。继微博、微信、微视频、微记录出现之后，提供了一种碎片化的传播，或称裂变式传播。它们就像这个链条上无数的微链，把我们链接在一起。借助微链，通过 6 个人就能与世界上的任何一个人相识。微营销要充分发挥好"微链"的功效，就要在关键节点上排兵布阵，把握话题导向，促发行动。

（4）切片营销。切片化的技术操作，源于对目标受众的深刻认识，对内容的深刻运用。微时代要对内容进行切片化处理，才能实现高效传播。切片营销的核心是"微"——微内容、微表达、微动作、微成本等，这样就降低了网友的转发和操作门槛。因此，在新媒体营销，必须要把营销内容打碎了。

微传播中的每一个人都是一个节点，每个节点都在向外散发新的传播能量。参与者更看重表达本身，而不是去叩问真相，因此常常导致理性的声音被淹没掉。切片营销"多节点、多链条"，不好控制话题的走向，因此要注意掌握节奏、控制大局、把握方向。

# 第七章 优化——品牌自驱力，让品牌说话的飞跃

## 第一节 越是好的品牌，消费者期望越高

如果一位老员工告诉主管，这个月他只售出了 1 座楼盘，而这个老员工平时一个月都可以售出 5 座楼盘，并且连续 1 年都维持在这个较高的水平上。而另一个新员工连续三个月都没有卖出楼，在这个月却卖出去了 1 座楼盘。那么，主管对这两个员工的评价肯定是：前一位员工没有好好干，工作懈怠；后一位员工可能受到褒奖。试问，同样是卖出去 1 座楼盘，为什么一个人会得到褒奖，另一个人却被训斥？其实非常简单，就是主管对他们的期待不同。

消费者在进行购买决策时，内心都会有一杆衡量产品和服务价值的秤。但由于需求的差异，秤砣的轻重并不一致。消费者内心的期望，就是这个尚不稳定的秤砣。对好的品牌，消费者就像那位主管对待老员工那样，对其的期望也会越高。为什么品牌越好，消费者对其期望就越高？要回答这个问题，先要知道什么是好品牌。

我们总结了好品牌如下的一些优点：

（1）表明并充分证明了企业所具有的与众不同的满足客户需求的能力。

（2）表达了一个明确的"情感诉求"主题。

（3）根据不断变化的客户期望值和认知心理，长期保持了该品牌的相关特性。

（4）使得人们乐意接受该品牌。

（5）是客户需要的品牌，价格昂贵，是因为它体现了卓越的价值。

（6）提升了企业的盈利能力。

（7）赢得、建立和保持了客户的忠诚度。

（8）为增长战略提供一个保护"光环"。

（9）长期得到一如既往的管理和支持。

（10）是别的品牌希望拥有的一项增值投资。

（11）有着独特的、可识别的、令人难忘的"个性"。

（12）在市场上和客户的认知意识中占有独特的地位。

（13）对市场新进入者或替代品形成了进入壁垒。

（14）无论是应用于营销组合中的产品、渠道、价格还是促销环节，都能发挥作用。

（15）拥有占绝对优势的市场份额。

（16）促进市场的健康发展。

好的品牌能表明并充分证明企业所具有的与众不同的满足客户需求的能力。好品牌必然能满足消费者的需求。但是消费者的需求是不确定的，就像是上面例子中主管对老员工一样，消费者认为品牌越好就越能满足自己的需求。当然好的品牌也应该具有这种能力，因为品牌本身的创建过程，就是不断满足消费者的不同需求。品牌创建之初，通过打造较高的产品质量，满足消费者的物质需求；之后，又打造品牌文化，满足消费者的心理需求。当然消费者的需求是无止境的，只有不断地满足这种无止境的需求，我们的企业才能拥有占据绝对优势的市场份额，促进市场的健康发展。

## 第二节　注意消费者的口碑

全世界的网民，已经没有几个人不知道 Google 的了。可谁能想到，这个身为全球第四大最受欢迎的网站，品牌价值超过 20 亿美元的公司，在四年前还是一个名不见经传的小公司。你可能会问，在没有做过一次电视广告，没有粘贴过一张海报，没有做过任何网络广告链接的情况下，Google 为什么能在如此激烈的商战环境下，如此迅速地成长呢？进入 Google 成长之旅，在其作为引擎服务商甚至是"搜索"代名词的背后，Google 的江湖地位主要得益于其口碑营销的成功。如：

网民说：遇到问题 Google 一下呀；他是个 Google 主义者；Google 资料真全呀……

创业中的小公司说：我们的大部分客户资源都是从 Google 搜索得来的。

对手说：Google 的网页太过庞杂，其中含有限制性内容。

华尔街和硅谷说：Google 如果能上市，或许就能为重振科技股的雄风带来希望。

媒体说："Google 经济"和某某年度 Google20 大流行词汇排名，以及一个寡妇如何借助 Google 把有效的客户流量吸引到自己的网站上，从而维持一份体面生活的类似故事。

正是因为上述有关"说"的种种表达，Google 这个单词才在全世界得以快速流传，Google 在人们心目中的地位才会一次又一次地强化和提高。

通过 Google 的成功案例，我们对"金杯、银杯不如老百姓的口碑"那句话有了新的认识。口碑永远是在消费者之间流传的，很可能一个消费者的不良口碑经过不断传播，导致品牌最终一败涂地。就像是山东的秦池酒厂，因为一个媒体的负面报道，最终倒闭。也可能像 Google 那样，因为一个很好的口碑，而使企业在人们心目中的地位越来越高。所以，应该把握并且管理好消费者的口碑，在不断的口碑传播中避免负面信息，塑造品牌的良好形象。

所以对于企业来说，一定要注意消费者口碑的变化。如何持续保持好的消费者口碑呢？要从以下几个方面努力。

## 一、提升产品和服务质量

产品和服务质量测评一般采用五个维度：有形性、可靠性、反应性、保险性和移情性。企业要努力提升这几个维度，以达到让消费者满意为止。先营造一种良好的口碑，让它在消费者心目中先入为主，塑造一个完整的良好的口碑形象。消费者对企业产品和服务质量的肯定，可以产生正面的口碑传播，并且主动向他人推荐，这是一个企业战略健康的发展过程。

## 二、控制传播者

在口碑传播中，通常把消费者划分为口碑传播者和口碑接受者。其中一类是口碑传播者，向其他消费者诉说产品的有关信息；另一类是接受者经常通过向传播者询问信息，而发起有关产品、服务的对话，也是口碑传播过程中的一个重要组成部分。因此企业要牢牢抓住传播者这个环节，让他所传达的信息自觉朝着有利于企业的方向发展。通过这样的控制手段，也就等于把握住了消费者的口碑。

### 三、制造"马太效应"

什么是"马太效应"？"马太效应"就是强者更强，弱者更弱。现实生活中都有过这样的经历，某一个朋友跟你说那个产品好，过几天又有一个朋友和你说那个产品好，你就会对那个产品产生好感，不自觉地就喜欢上这个产品。本身有好感，在没用上的时候就开始觉得它品质过人，这就是"马太效应"的结果。如果能够制造出这样的传播环境，就说明企业对消费者的口碑管理已经非常成功了。

以上三个方面，在口碑管理的环节上是相辅相成的。只要把这几点做好，消费者的口碑就能够得到相应的管理，为推动品牌形象奠定好雄厚的基础。

## 第三节　建立有效的市场与消费者数据库

十年前，他去中国香港出差，住进中国香港丽晶饭店，与总经理共进晚餐时，总经理问他最喜欢喝什么？他无意中说爱喝胡萝卜汁。大概半年后，他再次来到中国香港丽晶饭店，在房间的冰箱里意外地发现了一大杯胡萝卜汁。十年间，虽然饭店的房价翻了数倍，他每次来中国香港都要住中国香港丽晶饭店，就是因为他们为他准备的胡萝卜汁。中国香港丽晶饭店之所以拥有这样忠诚的客户，一个重要原因，就是饭店建立了客户数据库，并运用数据库技术进行客户服务管理。客户确实满意，才使中国香港丽晶饭店的发展蒸蒸日上。

所以一个有效的市场与消费者数据库，无论是用于售前服务或售后服务，都将是企业的一个极为重要的营销宝库。这个数据库是动态的，可以随时扩充和更新。我们在谈论建立消费者数据库时，会很自然地想到数据库的价值。建一个数据库并不难，难的是让这个数据库有效，有可以服务的意义。在这个基础上，建立与完善一个有效的市场与消费者数据库，才是服务营销的基础。对这个数据库的分析，能帮我们确认目标消费者，更迅速、更准确地抓住他们的需要，然后用更有效的方式把产品和服务信息传达给他们。那么，既然建立一个有效的市场与消费者数据库如此重要，我们该如何做呢？

## 一、多方位收集

收集市场和消费者的信息是关键。通过什么渠道收集？被收集的消费者是否是目标消费者或潜在消费者？收集的信息是否正确？当然，不同的产品收集市场与消费者信息的方式与渠道不一样。最常见的有三种方式。

（1）媒体的广告发布收集：靠媒体的广告发布消息，是一种比较快捷的收集办法。但也存在很多缺点，例如广告的时间有限，而且费用也比较高。所以不适合长期使用，只可以阶段性使用，媒体在这当中主要起带头作用，起到统帅的作用。也因为这些缺点，很多企业的媒体广告发布收集活动"虎头蛇尾"。

（2）户外活动收集：户外活动是广告效能比较好的一种，通过户外活动不但可以与消费者进行面对面的互动，建立坚实的感情，而且收集市场与消费者的信息也是比较直接的方法，非常有针对性。当然不能等到活动结束再收集，只有在活动中收集市场和消费者信息才会事半功倍。

（3）终端点的收集：终端点是企业形象的代表，而终端点又是与市场与消费直接接触的前沿阵地。因此，要加强对终端点的监管与互动，通过激励的办法与产品挂钩，并与商家的营业员做好互动。

## 二、悉心筛选

市场与消费者的数据收集回来之后，对有效信息和无效信息的筛选是非常重要的环节。也就是要通过对收集回来的消费者信息进行有效的鉴别，确定哪些是有用的，哪些是没用的。企业要对筛选进行相应的管理，例如制定相应的筛选标准、制定筛选的范围、制定筛选的具体对象等实施纲要。一般来讲，筛选分几个阶段。

首先是初步筛选，去掉那些根本没用的消费者信息。

其次是入围筛选，作为目标消费者。

最后是精选，能够作为我们的服务对象。

悉心的筛选工作与合理的对象区分，将促进收集消费者信息来源的保证。

## 三、科学分类

对消费者进行科学的分类，是数据库服务营销的关键。通过分类，才更加有针对性。分类的方法有很多，具体还是要看服务的层次与要求，有按消费金额多少分类的、有按使用时间长短分类的、有按新旧消费分类的等。产品的使用与功能，都是消费者分类的有效办法。

## 四、针对性的咨询服务

开展针对性的咨询服务，是巩固与发展消费者的重要原因。在建立消费者数据库的程序上，要有详细的设定计划。咨询是可以与消费者沟通从而产生积极影响。只有消费者心中认为你的服务是他所需要的，才会受到欢迎。在这个过程中，能够发现消费者的价值不在一次咨询上，而在于以后的实际行动上。

咨询针对性主要表现在：咨询产品的使用效果，咨询售后服务做得好不好，咨询企业改进的地方，咨询终端点是否方便，咨询有没有要求其他服务，咨询开设专线电话。

## 五、VIP 逐级激励政策

开设激励政策是完善数据库的有效办法，不同企业的激励政策与所执行的产品有直接关系。但无论采取何种形式，都需要制订一套有用的激励办法。

在建立 VIP 制时要充分吸取大规模的会员方式，通过落实会员制，建立一整套数据库。通常消费者在领取 VIP 卡的时候，看中的是服务与利益，因此，更愿意提供其真实信息，在建立激励政策的同时，数据库的衍生就水到渠成了。

建立和完善一个有效的消费者数据库，要坚持不懈。只有通过建立细致的数据库，做好数据库的服务营销，才能产生应有的效果。

## 第四节　以客户的不满与建议为突破口

几个公司主管到位于美国拉斯维加斯的一家五星级酒店参加服务营销理论研讨会。他们想在离开酒店前，享受酒店的温泉。可是，来到温泉，却被礼貌地告知，因为晚上有一个晚会，为了提前布置，温泉已经关闭不能进入。这些公司主管就非常不满，说他们晚上就要回家了，这是他们唯一可以利用的时间。听完他们的抱怨，服务员让他们稍等一会儿，就立即去向部门经理报告了。没过多久，酒店的部门经理就来到他们的身边解释道，为了准备晚上的晚会，温泉不得不关闭。但是他接着说，我们打电话联系到附近的一家五星级酒店，它们那里的温泉还开放着。现在门外有一辆轿车，可以载各位到那家酒店，费用由我们酒店负责。这几位公司主管非常高兴，这家酒店给他们留下了非常深刻的印象，也使他们乐于到处传颂这段服务佳话。

善待客户，就是善待自己。只有与客户保持主动沟通，理解客户的难处，才能保持良好的客户关系，实现整个公司的大发展。客户的不满就像是一面镜子，总能映照出缺点和不足。倾听客户的不满，不要争辩，在倾听中逐步改善和提高。在客户出现不满的时候，企业一定要虚心地请教原因。因为如果处理不好，很可能会因此失去客户。而且客户这种不好的情绪很可能会形成坏的口碑，从而影响到其他消费者。因此，当客户对产品和服务不满的时候，企业一定要积极处理。如果处理得好，不但可以变不满为满意，还可以留住客户，甚至可以提高你的声誉，就像是刚才例子中美国拉斯维加斯的那家五星级酒店。

现代营销，包括网络销售都提倡"以消费者为中心"。所以在面对客户的不满时，要积极解决问题。要一如既往地做到这一点，对商家和企业都是一个巨大考验。其实，保证产品质量、诚信经营以及重视消费者的意见和建议，就是"以消费者为中心"的最好体现。

例如，在公司楼前，有一位客户手里一直拿着一个空塑料瓶，因为找不到垃圾桶所以向你们提出建议。这虽然是一件特别简单的事情，但是也要尽快解决。要赶紧通知行政部门立即买些垃圾桶，放在楼门口和其他必要位置。这样再有客户过来，就不会遇到这种问题。我们的行动，要超出别人对我们的要求。是否能让行动超出别人的要求，这是由被动到主动的分界线。要做好生意，就必须把所有的被动变成主动。

在传统的观念中，人们肯定会认为最好的客户就是大客户，或者是能购买很多产品的客户，抑或是要求服务最少的公司。戴尔公司告诉我们，其实这种观点是错误的。它们认为："所谓最好的客户，是能给我们最大启发的客户；是教导我们如何超越现在产品和服务，提供更大附加价值的客户；是能提出挑战，让我们想出办法后也可以嘉惠其他人的客户。"戴尔公司认为，最佳客户扮演着前导指示的角色，告诉我们市场的走向，提供各种点子，让我们精益求精。他们提高标准的门槛，鼓励我们不断提升，从一家零散销售服务的公司，转变成为一家提供整体服务的公司。

产品的制作和产品发展的策略，应该基于客户意见而调整。这个概念对戴尔公司而言，似乎再清楚不过了，它们几乎是立即回应这些不满和建议，并融入到它们的策略当中。

## 第五节　激励创新，赋予品牌新的血液

因最善于创新而出名的美国优秀企业——3M公司允许员工用15%的工作时间去做私事，15%的时间里凡有创新必有重奖，这才产生了3M特有的创新模式和今天的业绩。

温家宝考察武汉重型机床集团公司时，企业负责人告诉他："我们是中国装备、装备中国。"温家宝对员工郑重地说："'中国装备、装备中国'这句话说得好，我要加上一句'中国制造、中国创造'。决定竞争力的，最终是创造、知识产权和品牌，是企业质量和效益。世界都在进步，各国都在发展，我们不能满足已有的成绩，必须振奋精神。"他鼓励企业干部员工发扬不服输的精神，用自己的智慧和劳动使中国制造业由大变强，跻身世界领先地位，为中国制造业争光。

从以上两个故事中，足见创新的重要性。

品牌是个生命体，同样会生老病死，品牌从诞生到消亡同样遵循进化的法则。这种法则是，品牌从培育到推动，只有持续不断地创新才能让品牌焕发生机，永葆活力，如若不然，只能被市场抛弃。世界优秀品牌通过它们的实践行动告诉我们这个道理，例如苹果公司、可口可乐、IBM、海尔等，这些企业都一直坚定不移地推进品牌创新，为增强竞争优势提供重要的动力和源泉。

因为企业经营环境和消费者需求都在不停地变化，品牌的内涵和表现形式也需要满足企业经营环境和消费者需求的变化而不断发展变化，所以就需

要品牌创新。品牌创新是品牌自我发展的必然要求，是克服品牌老化，使品牌生命不断得以延长的唯一途径。

对于企业来说，创新就是企业利用市场的潜在盈利机会，以获取商业利益为目标。通俗地讲，就是重新组织生产条件和生产要素，建立起效能更强、效率更高和费用更低的生产经营方法，从而推进新的产品、新的生产（工艺）方法，开辟新的市场，获得新的原材料（半成品）供给来源或建立企业新的组织，包括科技、组织、商业和金融等一系列活动的综合过程。

概括地说，品牌创新的意义包括以下几个方面：

第一，品牌创新的可操作性。品牌创新需要有可操作性，就是它的创新理念跟推动执行之间不能出现断层，必须实现很好的链接。从创新的产品到核心技术，从品牌文化、品牌内涵到品牌精神、品牌价值等，都要具备传播的理由和渠道，都要落到实处，这样才不至于让品牌创新只是虚空的思想。

第二，品牌创新的商业价值。品牌的商业价值是品牌最主要的价值表现，只有品牌在消费者心目中形成差异性和有效性，品牌才能有商业价值。在消费者心目中无法形成这种差异性和有效性，无论是通过"技术创新增加产品的科技含量"，还是通过"工艺流程创新提升产品的品质"，企业最终只能停留在同质化、重复性、低水平的残酷竞争阶段，无法逃离品牌竞争的"红海领域"，也无所谓商业价值。

第三，品牌创新对消费市场的吸引力。价值对于每个人的影响都是不同的，消费市场中的消费行为在发生变化。品牌价值、品牌文化在不断左右消费意愿的同时，也要跟随时代的节奏，让价值文化驱动消费。

至于品牌创新的策略，首先，持续的产品创新和技术创新。品牌创新最重要的，是依靠技术创新。技术创新必然带来产品创新，只有与众不同的产品，才能从根本上树立品牌的差异性。其次，品牌策略的运用，体现在品牌延伸策略和副品牌策略两个方面。其中，品牌延伸策略是指企业在原有品牌名下连带推广新产品，而副品牌策略则是指创新广告形式与消费者进行互动沟通等。品牌创新也是在与消费者互动的过程中完成的，适时与消费者进行互动沟通，让品牌内涵根植于消费者的内心，是品牌创新的重要举措。

## 第六节　建立品牌文化，增强企业成员的品牌荣誉感

从表面上看，品牌是由简单的品名和品标构成的；从深层看，品牌则是由品牌知名度、品牌美誉度、品牌忠诚度这"三维度"构成的。在品牌的市场扩张与拓展的过程中，品牌知名度是基础，品牌美誉度是目的。而另一种说法是，品牌知名度是指品牌的市场宽度，品牌美誉度指的是品牌的市场深度，品牌忠诚度是指市场力度。在品牌有了一定知名度之后，如何提高品牌的市场深度和销售力度呢？唯有靠品牌文化。

什么是品牌文化？品牌文化是凝结在品牌中的经营观、价值观、审美观等价值观念和经营活动的总和。品牌文化是市场的通用语言，是企业的核心财富，是企业核心竞争力的载体。具有丰富内涵的品牌以其鲜明的个性、独特的形象、切合消费者的情感诉求，促使消费者形成对品牌的忠诚，从而提高品牌的资产和价值，形成强势品牌。消费者通过消费品牌，享受其中的文化滋润和熏陶，体验品牌给人们心理上和情感上带来的乐趣，引发对品牌的好感和依赖，使之成为表达自我的倾诉方式。而品牌文化战略是指在核心文化价值统领下，通过有效途径传播品牌文化，获得消费者忠诚，创建强势品

牌。它能够提高品牌美誉度和品牌忠诚度，有效增强巨大的品牌附加值。因此，要想在激烈的竞争中立于不败之地，作为企业，应该高屋建瓴，积极实施品牌文化战略。

品牌文化是品牌的魅力之源，品牌注入文化，充满活力与生机。品牌文化的含金量决定着品牌的生死存亡，决定着商品的价格与企业的声望。

一是品牌文化决定品牌及商品的价值。在国外市场，我们会发现80%的"中国制造"都非常便宜。而且，"中国制造"总是最早降价而且降幅都在60%以上。为什么会出现这种情况？价格便宜和降价说明不好销售，终其原因就是消费者对这些产品不信任，因为这些商品没有品牌。另外一种情况是，很多中国产品贴上国外的品牌，再注入品牌文化，顿时就使产品价格扶摇直上。那是因为市场已经开始从卖商品，转变为卖品牌、卖品牌文化。例如，中国籼米为何卖不过洋品牌香米呢？不是中国籼米没有洋品牌香米好吃，也不是中国籼米没有洋品牌香米质量好。主要是因为中国籼米没有产地、没有品牌。而洋品牌还在包装香米的袋子上印上香米的营养成分，籼米就没有香米的这种文化内涵。所以中国籼米的价格就一直上不去，而且销量也受阻。

二是品牌文化改变消费习惯和生活方式。品牌只有通过文化传递信息，才能架起沟通品牌与消费者、品牌与公众的情感桥梁，拉近消费者与品牌的距离。一个好的商品要有好的品牌包装，一个好的品牌更需要好的品牌文化打动消费者的心。品牌文化的最好境界是引导消费，改变消费习惯，改变消费文化，以文化引领市场。这种文化的渗透力往往要比物质力的威力大得多，例如美国"麦当劳"、"肯德基"的"快餐文化"改变了不少中国人，尤其是青少年的膳食结构与餐饮文化。再如品牌西服文化改变了中国男人的穿着传统，人们不再穿马褂旗袍而是西服革履。由此可见，品牌文化对人们生活方式的影响力是巨大的。

三是品牌文化推广核心价值观。强势品牌文化不仅决定企业的经济实力，而且决定国家的经济实力。毫不夸张地说，一个国家能有几个世界级的强势品牌及品牌文化，就一定能让其他国家刮目相看。更重要的是，强势品牌决定话语权，甚至影响媒体的宣传导向。强势品牌文化不仅让人们自觉不自觉地感受其广告文化，而且还要其他厂商按照它们的标准文化进行生产和经营。正如美国前总统克林顿所言，经贸是能够在全世界推广美国核心价值观的工具。经贸为什么会成为美国在全世界推广其核心价值的工具呢？那是因为它们靠品牌文化、靠强势品牌文化在全世界推广其核心价值。

品牌文化对于企业打造品牌，乃至对整个国家都有如此重要的意义，那么该如何打造品牌文化呢？塑造品牌文化主要从哪几个方面着手呢？下面为大家简单介绍一下。

（1）精神文化塑造。精神文化是指能够引起消费者共鸣、拨动消费者心弦或者满足消费者高层次需求的社会文化精华以及民族文化成果。精神文化具体表现在品牌内的品牌精神、品牌价值文化、与品牌组织文化相契合的社会文化以及独特的民族文化。对品牌的精神文化的塑造，是品牌文化塑造的核心部分。因为国家、城市、企业等实体是品牌的载体，品牌的精神文化、价值文化是品牌文化塑造的灵魂，品牌文化无法脱离精神文化塑造而存在。

（2）物质文化塑造。物质文化塑造，是指通过品牌文化的物质载体，传递的精神文化内涵，主要是给予消费者物质上的享受。凡是与公众接触的和与品牌有关的器物，都是品牌的物质文化系统。具体来说，品牌的产品、商标、名称、品牌内部环境、员工服饰、企业造型、招牌标志、办公用品、运输工具、LOGO等，都是品牌物质文化塑造的基本要素，它们的审美设计体现了品牌文化塑造的内涵。

（3）行为文化塑造。行为文化塑造，是以员工的实践活动、行为表现作为载体的品牌文化建设部分。主要包括服务形象塑造、员工形象塑造、经营管理形象塑造和公共关系形象塑造。它是以精神文化为指导，围绕品牌战略的各个层次开展的各类与品牌相关的实践活动。

# 附　录

## 1. 全程九论

**一论战略咨询**

战略咨询的本质就是制定企业中长期发展的路线图，是企业发展的顶层规划设计。全程认为，企业战略定位应聚焦于企业现有资源，确保能落实执行，因为每个企业的资源都是有限的。

**二论战略管理**

战略管理的具体工作，就是管理企业发展过程中遇到的虚假诱惑、方向偏离、资源配置失衡等问题。全程认为，战略管理就是坚持战略定位，并组织资源实施。

**三论品牌策划**

品牌策划的本质就是企业战略实施的具体方法，是产品出厂、服务面市时的首要且必要的工作。全程认为："谋定而后动"对竞争尤为激烈的中小企业极其重要，它能让企业避免太多的无谓牺牲，现在的企业最输不起的就是时间。

### 四论品牌建设

品牌建设是企业应长期坚持的一项重要工作，它负责企业长期核心竞争力的培养和形成。全程认为，品牌策划可以一个月完成，而品牌建设是贯穿于企业存在和长期经营的整个过程之中的工作，需要十年甚至百年的坚持。

### 五论教育培训

教育培训能使企业家客观全面地审视自己企业的过去与未来，能综合其他行业的新商业模式，打开商业思维，是一项宏观的形而上学的学习。全程认为，教育培训能开阔视野，但具体落地应回归到营销的本质工作，"鸡血效应"解决不了企业基业长青的问题。

### 六论市场营销

市场营销的本质工作，就是发掘、创造、满足社会公众的需求。全程认为，市场营销不仅仅是一项把产品或服务卖出去，而是如何卖、如何更好地卖、如何持续地卖，它是涉及战略、品牌、产品、销售等复杂性综合性的系统工作。

### 七论包装设计

包装设计的最高境界是，让产品自身会说话，自身会走路。全程认为，包装设计应以战略为导向，以销售为目的，以消费者的行为习惯、生活方式为出发点，否则，就是美学、艺术在商业上的犯罪。

### 八论企业文化

企业文化，其本质是全体有正能量的员工，在企业经营一段时间后，慢慢形成的正确的世界观、人生观以及正确积极的行为方式。全程认为，企业文化一开始是老板的文化，但最后这种文化会符合大多数积极上进的员工的价值观；反之，将变成一种被抛弃的没有竞争力的文化。

九论股东股份

21 世纪的竞争是构建平台、整合资源、抱团取暖的竞争，而这一切都建立在以人为本的基础上。全程认为，每个股东都是公司优秀的员工，每个员工都将是企业负责任的股东，投资人搭台，员工唱戏，按贡献度给予股份激励，这样的竞争力才是真正的核心竞争力。

## 2. 全程品牌生命体模型

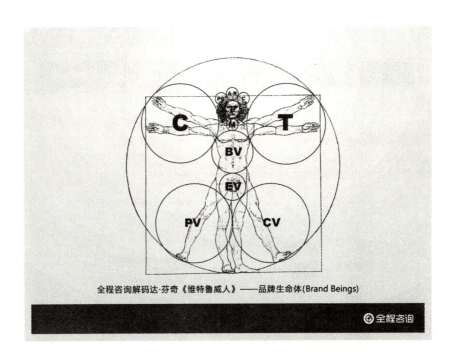

全程咨询解码达·芬奇《维特鲁威人》——品牌生命体(Brand Beings)

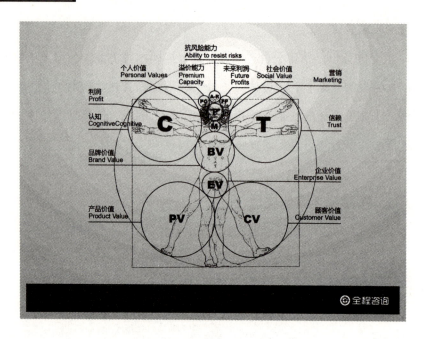

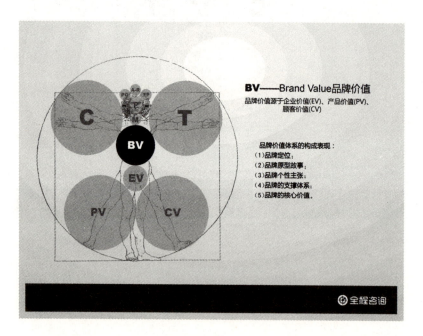

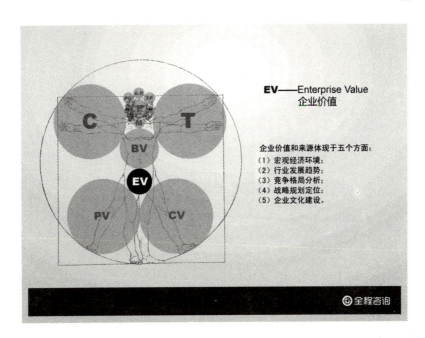

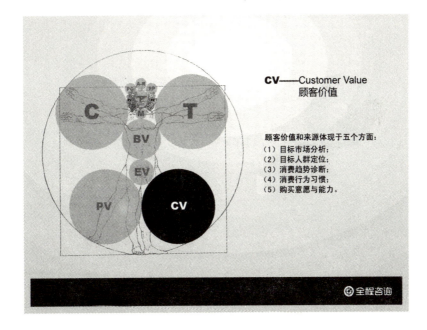

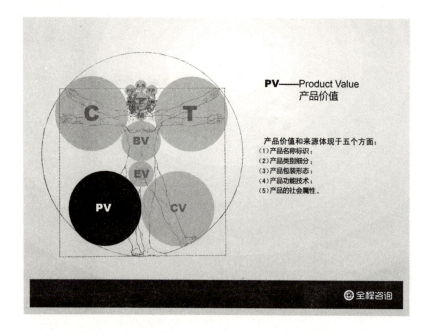

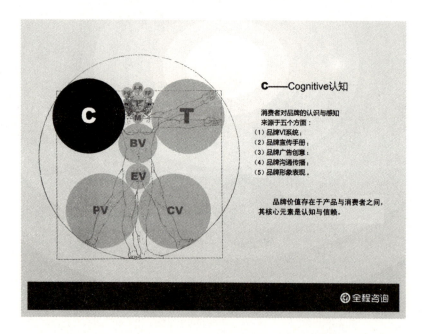

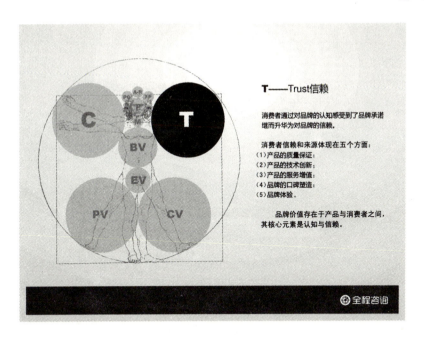

**T——Trust信赖**

消费者通过对品牌的认知感受到了品牌承诺继而升华为对品牌的信赖。

消费者信赖和来源体现在五个方面:
(1)产品的质量保证;
(2)产品的技术创新;
(3)产品的服务增值;
(4)品牌的口碑塑造;
(5)品牌体验。

　　品牌价值存在于产品与消费者之间,其核心元素是认知与信赖。

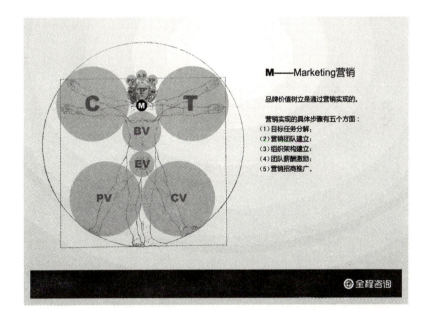

**M——Marketing营销**

品牌价值树立是通过营销实现的。

营销实现的具体步骤有五个方面:
(1)目标任务分解;
(2)营销团队建立;
(3)组织架构建立;
(4)团队薪酬激励;
(5)营销招商推广。

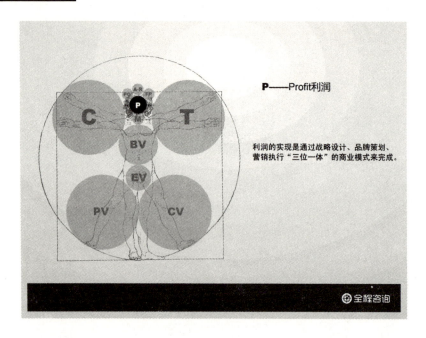

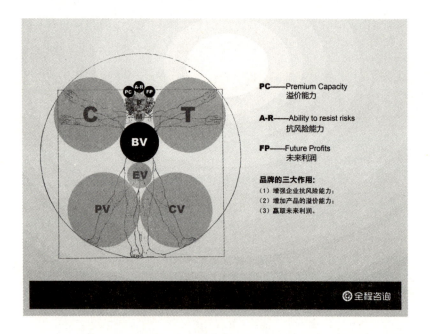

# 美食每刻·翻天娃

★ 18道安全生产工序　　★ 精选100%天然绿色原料
★ 行业标准制定单位　　★ 行业内首家获得HACCP体系认证

**湖南省翻天娃食品有限公司**
**Hunan Fantianwa Food Co., Ltd.**

生厂商：湖南省翻天娃食品有限公司　　销售热线：0731-82716877
厂　址：湖南省长沙县黄兴镇聚合堂工业园　服务热线：400 014 8887
电　话：0731-86880980　　网　址：www.ftwfood.com
传　真：0731-86880080

# 参考文献

［1］张世贤等主编. 中国企业品牌竞争力指数报告［M］. 北京：经济管理出版社，2012.

［2］张世贤，杨世伟，赵宏大，李海鹏著. 中国企业品牌竞争力指数系统理论与实践［M］. 北京：经济管理出版社，2011.

［3］李光斗著. 品牌竞争力［M］. 北京：中国人民大学出版社，2004.

［4］罗建主编. 品牌建设与管理实务（案例分析版）［M］. 北京：中国纺织出版社，2014.

［5］［美］森古普塔著. 品牌定位——如何提高品牌竞争力［M］. 马小丰，宋君锋译. 北京：中国长安出版社，2009.

［6］许基南著. 品牌竞争力研究［M］. 北京：经济管理出版社，2005.

［7］邓德隆著. 2 小时品牌素养：面向企业家的《中国品牌竞争力分析报告》［M］. 北京：机械工业出版社，2005.

［8］李左峰著. 品牌管理［M］. 北京：中国经济出版社，2014.

［9］李卫东著. 企业竞争力评价理论与方法研究［M］. 北京：中国市场出版社，2009.

［10］尹子民，张凤新著. 企业竞争力评价与可持续发展战略研究［M］. 北京：东北大学出版社有限公司，2004.

# 后 记

产品是冷冰冰的物理形态，带给人的是基本的生理需求。产品会过时，也会被超越，消失的速度也越来越快。而品牌是一个生命体（后附"全程品牌生命体模型"），是人格化的，有血、有肉、有灵魂的，它最终会成为目标消费人群生活方式的代言人，它生存的时间相对较长，是企业想要基业长青的核心保证。品牌建设是一个相对漫长的过程，这里面除了正确的品牌价值体系策划以外，更加重要的是坚守品牌的承诺，坚持累计品牌的核心价值和持续不断地塑造品牌形象，打造与众不同的、具备普世价值观的、具备正能量的品牌个性，最终成为人们生活方式的代言，成为人们情感和精神的寄托。

杨志勇

2014 年 7 月

**图书在版编目（CIP）数据**

品牌自驱力——好品牌自己会说话/杨志勇著．—北京：经济管理出版社，2014.8
ISBN 978 - 7 - 5096 - 3295 - 6

Ⅰ．①品…Ⅱ．①杨…Ⅲ．①企业管理—品牌战略—研究　Ⅳ．①F272.3

中国版本图书馆 CIP 数据核字（2014）第 178414 号

组稿编辑：张　艳
责任编辑：张　艳　丁慧敏
责任印制：黄章平
责任校对：陈　颖

出版发行：经济管理出版社
　　　　　（北京市海淀区北蜂窝 8 号中雅大厦 A 座 11 层　100038）
网　　址：www. E - mp. com. cn
电　　话：(010) 51915602
印　　刷：三河市延风印装厂
经　　销：新华书店
开　　本：720mm×1000mm/16
印　　张：13.5
字　　数：197 千字
版　　次：2014 年 8 月第 1 版　2014 年 8 月第 1 次印刷
书　　号：ISBN 978 - 7 - 5096 - 3295 - 6
定　　价：38.00 元